나는 런던의
**에이전트
레이디**

한국인 여성 에이전트,
유럽 축구계의 키플레이어가 되다

나는 런던의
에이전트
레이디

김나나
지 음

나는 지금 영국에서 축구 에이전트로 8년째 일하고 있다. 내 이름으로 된 회사를 차리고, 여러 명의 직원을 두고, 맨체스터 시티, 아스널, 레알 마드리드, 유벤투스, 파리 생제르맹, 토트넘 등 유럽 빅리그의 대표 구단들과 함께 일한다. 이제는 유럽 축구 비즈니스계에 이름만 대면 알 만한 사람이 되었는데, 물론 그 과정이 순탄하지만은 않았다.

어떤 사람들은 내가 어려서부터 유럽 사회에서 성장했거나 이쪽에 잘 아는 인맥이 있던 것이 아니었을까 짐작하기도 한다. 하지만 그렇지 않다. 나는 20대 중반까지 한국에서만 살았고, 외국물 한번 먹지 않았다. 유럽에 처음 온 것은 유럽 브랜드 마케팅 공부를 위해서였으며, 축구 관련 일을 하게 된 것은 20대 마지막에 이르러서였다. 그때 찾아온 기회를 시작으로 나는 이 업계에서 성장해 자리를 잡아갈 수 있었다.

유럽 축구계는 우리 생각 이상으로 백인, 유럽인, 남자들만의 이너서클이다. 아시아인으로서 유럽 축구 리그에서 뛰는 선수들도 많지 않지만, 축구 비즈니스 영역에서 활동하는 사람은 더더욱 적다. 하물며 여성은 어떠하겠는가. 유럽 축구구단들은 내부 대화에서 나를 지칭할 때 '그 에이전트 레이디'라고 부르곤 한단다. "그 에이전트 레이디 도착했어?" "그 에이전트 레이디가 원하는 건 뭐야?"라는 식으로 말이다. 이름을 말하지 않고 이렇게 불러도 알 수 있을 정도로 여자가 업계에 없었던 것이다. 한국보다 성평등한 유럽 사회라지만 여성이 축구계에서 일하는 건 희귀한 일이다.

이 책은 내가 이 유럽 축구 비즈니스계에 들어와 보고, 듣고, 배우고, 경험하고, 성장하고, 느껴온 일들을 담고 있다. 어떻게 해서 이 생소한 업계에 들어왔는지, 유럽 축구 에이전트는 어떤 일들을 하는지를 소개할 것이다. 미리 말해두자면, 선수들의 연봉 및 이적 계약은 에이전트 일의 일부일 뿐이다. 발전한 유럽 축구 시장에서 에이전트는 아주 다양한 비즈니스 계약을 담당하며, 많은 역할을 하게 된다. 그러면서 구단들의 활동 뒤에 숨겨진 속사정과 선수들의 비하인드 스토리도 이야기할 텐데, 축구 경기와 공식 언론기사만으로는 알 수 없는 유럽 축구계의 의외의 모습을 볼 수 있을 것이다.

이 일을 하면서 한국 축구계가 비즈니스 측면에서 더 발전이 필요하다는 생각을 많이 하게 됐다. 특히 2019년 '호날두 노쇼 사건'을 현장에서 겪으며, 한국 축구 시장의 후진성은 팬들의 상처로 돌아간다는 걸 절실히 느꼈다. 업계 관계자로서 나는 에이전트 시장이 사실상 없다시피 낙후돼 있는 것이 한국 축구계의 발전을 막는 가장 큰 문제점이라고 생각한다. 이 책에 한국 에이전트 시장의 문제점과 그에 대한 나름의 조언도 담았으니 도움이 되기를 희망한다.

이 업계에서 드문 여자이고, 유럽에서 일하는 아시아인(한국인)이기 때문인지, 내가 대단한 차별과 편견을 뚫고 일했을 거라 생각할 수도 있을 것이다. 가끔 한국 사람들은 이렇게 묻는다. "유럽인들의 편견 때문에 일하기 힘들지는 않았나요?" 그들의 기대를 저버려서 미안하지만, 난 분명히 말해주고 싶다. 내 생각에 아시아인들에 대한 편견은 아시아인들이 스스로 만들고 있다. 유럽인들은 그것을 인지하고서 그에 따라 아시아인들을 대하고 있는 것이다.

지금은 축구 시장에서 아시아권의 비중이 매우 커졌고, 아시아 기업들이 유럽 리그와 구단들의 중요한 스폰서가 되고 있다. 하지만 비즈니스 미팅 자리에 가봐도 백인사대주의에 빠진 아시아 사람들을 수도 없이 보고, 직급도 낮은 유럽 사람에게 백인이란 이유로 아시아 사람들이 굽신굽신하는 광경을 본다. 아직도 아시아인들은 그렇게나 서양인들에게 인정을 받고 싶어한다. 그리고 그런 대접을 계속 받는 데 익숙해진 서양인들은 자기들도 모르는 사이에 우월감을 가지게 되고, 아시아인들을 한층 낮게 된다.

유럽 축구 구단 관계자들은 아시아인들에게서 돈을 쓸어모으고 있으면서도 아시아인들이 자기들을 만나면 그렇게 쩔쩔매며 좋아하기에 자기들이 '만나준다' 라는 개념이 강했다. 그로 인해 대등한 관계의 미팅, 또는 심지어 그쪽에서 내 도움이 필요해 만나는 미팅인데도, 자기와 만나서 영광이지 않냐는 태도를 깔고 들어오는 사람들이 많았다.

그래서 나는 자기들이 심어준 편견에 내가 힘들지 않았냐며 묻는 저 질문이 당황스럽기 그지없다. "네, 여러분 덕에 힘들었어요" 할 수는 없지 않은가?

2020년 아카데미 시상식을 앞두고 봉준호 감독이 미국 매체와 한 인터뷰에서 아카데미상을 '로컬 영화제'라고 지칭하는 것을 보고 난 짜릿한 기분을 느꼈다. 서양 나라에서 하는 시상식에서 인정받아야 세계적 감독이라고 하던 기존의 뿌리 박힌 생각을 완전히 뒤트는 발언이다. 해당 발언으로 봉준호 감독은 아카데미의 평가를 기다리는 위치에서 아카데미를 평가하는 위치로 전환됐다. 이 인터뷰는 누가 생각했는지는 모르나 보너스 받았어야 할 기획이다.

봉준호 감독의 발언에 담긴 메시지에서 스스로 서양에 대한 열등의식을 만들고, 거기에 사로잡혀왔다는 걸 깨달았다는 현지의 아시아인들이 많았다. 실제로 서양에서 태어나 학창 시절을 보내며 자란 아시아인들 중엔 백인 아이들에 대한 주눅든 마음을 성인이 되어서도 극복하지 못하는 경우가 많다. 지금에 와서 생각해보면 나는 서양에서 태어나 자라지 않은 것에 감사한다. 나는 한국에서만 자랐기에 내 피부색 때문에 자존감을 잃으며 자랄 필요가 없었지만, 서양에서 태어난 많은 아시아인들은 백인들 사이에서 자존감을 갉아먹히며 자란다. 그리고 아시아에서 자란 사람들도 괜스레 백인들 앞에서 위축되어 처음부터 백인들에게 '지고 들어가는' 경향을 많이 보인다. 아시아인들 스스로 이렇게 행동하는데, 백인들이 왜 아시아인들을 우습게 보지 않겠는가.

나는 나 나름의 방법으로 이런 편견을 깨주려 한다. 예를 들어 나를 무시한다 싶은 상대에게는 도리어 내가 그 백인의 이름을 기억하지 못하는 걸 보여주곤 하는 것이다. "토니? 아니, 토비라 했던가요? 아무튼, 지난 3월 25일에 제시한 금액은 3월 26일 보내신 이메일을 비교하면 승인 금액이 16% 차이가 나는데 구단이 보유하고 있는 선수

초상권 소유지분 비율에 변화가 생겼나요? 4월 1일 이메일에서는 3월 26일 수치와 맞지 않는 부분이 두 군데 있었고요. 4월 2일 상대와 중간 합의한 금액은 만족스럽지 않지만, 이 부분에 대해 명확하게 구단이 의도했던 수치와 중요하게 생각하는 요소를 알려주시면, 초상권이나 기타수익 부분을 협상카드로 써서 다시 원하는 합의를 끌어낼 수 있을 것으로 봅니다."

명청한 사람은 '내 이름도 기억 못하다니, 무례하기 짝이 없군' 하며 불쾌해할 것이다. 똑똑한 사람이라면 이렇게 자세한 디테일을 모두 기억하면서 자기 이름만 기억 못했다는 점에서 내가 '나는 너한테 잘 보이고 싶은 생각이 없음' '내가 관심 있는 건 일'이라 여기는 사람이란 메시지를 읽을 수 있어 일을 더 신경을 쓸 것이다. 진짜 똑똑한 사람은 내가 자기 이름을 알면서 고의적으로 잘못 불렀다는 것도 간파한다. 그리고 이제 나를 지금까지 자기에게 굽신댔던 아시아인들과 절대 똑같이 대하지 못한다.

백인의 미움을 산다 해도 아무 일도 벌어지지 않는다. 최소한 일의 세계에서는 그렇다. 내 능력을 보이고, 일을 해내면 될 일이다. 나는 오히려 미움 받을 용기를 내었더니 존중을 얻었다. 아카데미 영화제 역

9

시 봉준호 감독의 도발에도 불구하고 트로피 4개를 바치지 않았는가?

그래서 나는 더 많은 아시아인들이 이런 용기를 내 더 이상 백인들에게 굽신거리지 않고 당당히 일을 했으면 한다. 굽신거리지 않아도, 미움 받는 걸 개의치 않아 해도, 유럽 내 가장 백인 남성 중심주의인 세계의 이너서클에 진입하는 데 지장이 없었으니, 다른 분야의 사람들은 더욱 안심하고 용기를 내도 된다. 이 책이 그렇게 낯선 환경에서 도전을 하시는 분들에게 응원의 메시지가 되길 바란다.

2021년 6월

김나나

Instagram @catalina.n.kim
https://catalina-and-partners.com/

제 9 장

차별은
나의 힘

백인, 유럽, 남자의 세계에서 한국인, 여자로

> " 우리가 이 계약의 오피셜을 발표한 지 1주일이 지나
> 나는 리버풀·아스날·토트넘·첼시·레알 마드리드·
> AC밀란 등 유럽 내 주요 빅클럽의 미팅 의뢰를
> 받게 됐다. 그렇게 나는 유럽 축구 비즈니스계의
> 키플레이어로 자리 잡았다. "

아빠 손을 잡고 축구장에 오던 아이 때부터 가졌던 소년 같은 애정과
그렇게 어른이 된 남자의 커리어로서의 야망이 공존하는 유럽 축구계,
그 매력에 빠지다

이곳은 유럽 축구 세계,
외부인 출입금지

냉정하게 얘기해 유럽 축구는 백인·유럽·남자의 스포츠다. '백인' '유럽' '남자' 셋 중 어디에도 해당되지 않는 내가 이 업계에서 얼마나 드문 케이스인지는 길게 설명하지 않아도 누구나 쉽게 상상할 수 있을 것이다. 내가 가는 대부분의 미팅에서 나를 제외한 참석자가 모두 백인 남자이고, 대부분 유럽인이거나 최소한 유럽으로 이주한 백인 집안에서 태어난 2세, 3세들이다.

유럽은 어찌 보면 참 촌스러운 대륙이다. 보통의 유럽 사람들은 유럽 밖 세상에 굉장히 무지하고, 유럽 내 역사와 문화만 유지하고 새 문물을 쉽게 받아들이지 않으며, 쉽게 밖으로 나가지도 않는다. 한국 또는 일본이나 중국 사람들이 유럽에 대해 알고 있는 것의 반의반만큼도 유럽 사람들은 이 아시아 국가들에 대해 알지 못할 것이다.

유럽 축구계 역시 '국제화'에 뒤처진 촌스러운 세계였다. 유럽 축구는 본래 자기가 사는 도시 팀들 간의 경기에서 출발한 '동네축구'였는데, 그러다 옆 동네 팀과 붙기 시작하고, 그게 커져 전국적인 토너먼트가 생기고, 그러면서 리그를 이루어 나중에는 여러 개로 세분된 것이다. 이후 그 리그들이 다른 곳의 축구에서는 볼 수 없는 수준의 높은 경기력을 보여주고 스타플레이어들이 뛰면서 다른 대륙 축구 팬도 중계를 보게 되었고, 세계적 인기를 얻게 된다(맨체스터 시티의 팬으로 유명한 맨체스터 출신 영국 밴드 오아시스의 노엘 겔러거도 맨체스터에서 8000킬로미터 넘게 떨어진 지역의 아시아인들이 자기네 동네도 아닌 곳의 팀을 응원하는 것이 의아하다고 얘기한 적 있다).

문제는 유럽의 팀들은 이 아시아 시장을 낱낱이 알 정도로 인터내셔널한 사람들은 아니었다는 것이다. 게다가 이들은 유럽우월주의에 빠져 아시아 축구 팬들을 '좋아하라고 한 적도 없는데 자기네 축구를 보고 동경해 어쩔 줄 모르는 아시아인들'이라 치부해왔다.

유럽 축구계의 이런 시각이 바뀐 것은 아시아 기업들이 대형 스폰서십 계약을 유럽 축구팀과 체결하면서부터이다. 유럽 기업들 10여 개가 모여야 겨우 만들 수 있는 규모의 계약을 1개의 아시아 기업이 턱 하니 내놓았고, 이는 유럽 축구계에 큰 충격을 주었다. 그 뒤 팀에 속한 아시아 선수 한 명이 창출하는 해외 초상권, 투어, 리테일 수입의 규모에 구단들은 2차로 놀라게 된다. 아무리 스타라 해도 선수 한 명이 그 정도로 부가 수입을 창출하는 일을 그들은 본 적이 없었다. 기존 아프리카나 중남미 출신 선수들의 고국은 가난했기 때문이다. 그에 비해 다양한 사업적 인프라까지 갖춰진 아시아는 이들에게 충격적으로 부유했다.

여기까지가 2000년대 초반에서 중반까지의 유럽 축구계 상황이었다. 2000년대 중반부터 유럽 축구계는 선수 이적료, 티켓 판매액, 중계권료를 대표적인 수입원으로 여기던 기존의 관점을 바꾸기 시작했다. 특히 빅클럽들 위주로 해외 스폰서십, 해외 초상권, 해외 투어, 해외 리테일 수입이 잠재적으로 막대할 수 있다는 걸 깨닫고 그 일을 맡아줄 해외 마켓 전문가가 필요하다는 생각을 하기 시작했다.

그러나 2000년대 후반까지도(어쩌면 지금까지도, 앞으로도) 유럽 축구계는 기존 유럽 백인 남성들을 중심으로 한 이너서클Inner circle 위주로만 돌아가고 있었다. 축구계에 종사하는 사람 수가 많더라도 업계 특성상 의사 결정은 아주 소수의 구단 수뇌부와 에이전트들을 중심으로 한 이너서클 안에서만 이루어진다. 그 이너서클은 인맥을 통해 형성되며 새로운 이들을 믿지 않는다. 또한, 한번 이너서클에 들어온 이들은 이를 기득권으로 보아 가족과 친지들에게 세습시켜주고 싶어 하지, 외부인과 나누고 싶어 하지 않는다. 그러니 아시아인이 그 안에 새로 들어가기란 힘든 일이었다.

또 유럽 구단들이 아시아인들의 에이전트 능력을 신뢰하지 않은 것도 중요한 한 이유다. 대부분의 구단 업무가 당장 이번 시즌, 심하면 다음 경기에 바로 영향을 주는 것들이어서, 검증이 안 된 사람에게 기회를 주고, 실패를 통해 배우고 성장하기까지 기다려줄 여유가 없다.

유럽 축구계에서는 빅클럽일수록 기밀 유지에 예민하다. 유럽 축구계의 키플레이어 사이에서는 진행하다가 엎어지는 협상들이 왜 엎어졌는지, 결국 어떻게 합의했는지 등에 관한 얘기를 외부에 유출하지 않을 것이라는 믿음이 있다. 이 믿음은 자신이나 상대나 오늘 당장 이름을 알리고 싶어 절박한 '관종'도 아니고, 내일도, 10년 뒤도 그리고 후손들도 이 업계에서 일해야 하니 이 업계를 보호해야 한다는 각자의 연대의식이 있기에 가능하다. 하지만 아시아 에이전트에게는 이런 믿음을 오랫동안 가지지 못했다.

내가 유럽 축구구단들과 처음 일을 시작했을 때 그들은 시간을 낭비하게 만드는 수많은 자칭 '아시아 에이전트'들에 지쳐 있었다. 그들이 만나온 대부분은 아시아에서 유럽 축구 마니아로 자란 '축덕'으로, 실제로는 에이전트로 일할 기량을 갖췄다기보다는 구단 관계자를 만나고 싶었던 사람들이었다고 한다. 또 아무 결실 없는 미팅이었음에도 이 자칭 에이전트들은 유명 구단과 만났다는 것 자체를 이용해 본국에 돌아가서 갑자기 구단 에이전트 행세를 하기 시작하는 문제도 있었다. 그러니 구단이 이름을 알지 못하는 에이전트와의 미팅에 상당히 보수적인 것은 당연했다. 이런 까닭에 아시아 에이전트들이 빅클럽을 만나기는 갈수록 어려워졌다.

유럽 구단들은 접근하는 수많은 아시아 에이전트 중에 팬과 진짜 프로를 걸러내야 했다. 구단이 만나만 준다면 이들은 꿈에 그리던 만남 후 벅찬 가슴으로 돌아가겠지만, 구단 입장에서는 이 사람들을 모두 만난다는 것은 여간 시간 낭비가 아닌 것이다. 그래서 구단은 에이전트라고 내세우며 찾아오는 이들을 만나지 않고, 스스로 자신들에게 필요한 마켓 전문가를 찾아 먼저 접근하기 시작했다. 맨체스터 시티(맨시티) 구단이 내게 연락을 해온 것도 그런 연유에서였다. 그렇게 나는 유럽 축구계와 처음 만나게 되었다.

그들이 필요로 하는것,
바꿀 수 없다면 맞춰 드리죠.

　　　　　　　　　　나는 당시 유럽에서 석사를 마치고 유럽 브랜드들의 글로벌 마켓 컨설턴트로 일하고 있었다. 26세 때 유럽에 건너온 이후 삼성 해외 법인과 주영한국대사관 등에서 근무하기도 했으나, 나는 한국 기업이나 기관의 해외 활동보다는 유럽 기업들이 유럽 밖으로 진출하는 걸 도와주는 일에 더 관심이 많아 유럽 브랜드들의 해외 마켓 협상과 그들을 위한 컨설팅 쪽에 집중해 커리어를 키웠다.

　유럽 브랜드들은 그 명성과 규모에 비해 대체로 전문적인 경영 시스템이 마련돼 있지 않았다. 내가 마켓 컨설턴트로서 같이 일했던 한 이탈리아 명품 브랜드만 해도 해외에 그들 제품을 좋아하는 수요가 분명히 있지만, 가족 경영 비즈니스로 아주 조촐하게 돌아가고 있어 전문적인 컨설팅이 부족했으며 해외 마켓에 대한 지식도 전반적으로 미미했다. 게다가 유럽의 브랜드는 가족 경영이든 아니든 거대한 카르텔을 이루고 있었고, 유럽 내에서 이 카르텔들 간에 살아남느냐 죽느냐가 결정되는 피 말리는 경쟁을 벌이고 있어서 같은 유럽인 컨설턴트나 사업가를 굉장히 경계하고, 오히려 나처럼 이질적인 인물에게 경계심이 적었다. 따라서 나는 내 장점을 활용하면 이 마켓 안에서 독보적인 입지를 차지할 수 있다는 자신감이 생겼다. 허나 이를 위해선 학교에서 익힌 스페인어와 일상 회화 정도 가능하던 영어와 이탈리아어를 비즈니스 회화 수준으로 끌어올려야 했으며, 이 때문에 몇 년간은 24시간도 부족한 삶을 살았고, 다른 한국인들과의 교류나 한국에 오는 것도 불가능한 여러 해를 보냈다. 그렇지만 이 시간 동안 나는 유럽인들과 일하는 방법을 배우고 이 분야의 전문가로 인정받아 내 몸값을 높일 수 있었으며, 유럽 브랜드들로부터 여러 좋은 조건의 제안을 받아 일하게 되었다.

서구 국가들에서 유학하거나 진출을 꿈꾸는 많은 아시아인이 그 나라에서 성공하려면 자신이 서양인들과 비슷해져야 한다고 생각한다. 아시아인이라는 정체성을 자기 커리어에서 극복해야 할 마이너스 요소로 여기는 것이다. 하지만 기업 컨설팅 과정에서 내가 느낀 서구 기업들의 아시아인에 대한 관점을 생각해보면 그건 큰 착각인 것 같다. 예를 들어 유럽에서 태어나 자란 아시아 이민 2세, 3세는 어차피 토종 유럽인이 될 수 없고, 토종 유럽인들에 비해 기업들에 딱히 내세울 장점이 없다. 하지만 26년 동안 한국에서 태어나서 자란 나에게는 아시아 시장에 대한 접근과 이해도라는 부분에서 서구 기업들에 가득한 유럽인들보다 월등히 뛰어났다. 일을 시작하게 되면 그들은 내게 전적으로 신뢰를 보내며 의지했다. 다시 말해 그들은 내가 아시아에서 태어나고 자랐기 때문에 나를 고용한 것이지, 유럽에 몇 년 살았으니 유럽인이 다 됐을 것 같아서 채용한 게 아니라는 이야기이다.

물론 그들은 내가 그들이 일하는 방식과 언어를 알기 원했다. 하지만 아시아 시장에 관해서는 나만의 지식과 전문성, 그리고 고유함을 잘 지켜야 했다. 시간이 지나 나는 미팅에서 나와 다른 의견을 내는 유럽 국적의 컨설턴트나 임원에게 "지금 저보다 아시아 잘 안다고 얘기하시는 거예요?"라고 웃으며 답하며 내 의견을 관철시킬 수 있는 지위가 되었다.

그때쯤 앞서 얘기했던 빅클럽들이 글로벌 프로젝트를 진행하는 데 있어 마켓 전문가의 도움을 받고자 했다. 구단들의 해외 시장 개척 컨설팅을 전반적으로 도울 수 있는 유럽 거주 컨설턴트로 내 이름이 알려지기 시작했고, 자본이 많은 맨체스터 시티가 가장 발 빠르게 움직였다.

결과적으로 축구 좋아하는 유럽 출신의 백인 남자였다면 이 업계는 나를 원하지 않았을 것이다. 유럽 축구계는 커져가는 사업의 확장을 위해 전환이 필요한 시기를 맞고 있었고, 그래서 유럽·백인·남자 중심으로 돌아가는 유럽 축구 세상에서, 내가 유럽·백인·남자가 아니라서 나를 원했다.

"축구 구단은 마피아들이 하는 거 아니었나?"

맨시티 최고상업책임자 CCO Chief Commercial Officer가 나를 만나고 싶어 한다는 미팅 의뢰를 받고 한동안 고민에 빠졌다. 유럽에서 컨설턴트로 일하면서 축구계의 의뢰를 받은 것은 그때가 처음이었기에 만나지 않고는 정확한 의뢰 내용과 프로젝트의 배경을 파악하기가 어려웠고, 맨시티 측도 보안을 위해 대면해서만 내용을 공유하기를 고집했다.

그런데 내가 그 미팅을 주저한 이유는 사실 이탈리아에 살 때의 경험 때문이었다. 내가 본 축구계 인사들은 자주 마피아와 연계되어 뉴스에 나오고는 했기 때문이다. 이탈리아라는 나라는 마피아가 일상생활에도 깊숙이 들어가 있고, 사람들도 마피아에게 어느 정도 지배받는 것을 당연히 여기는 분위기가 있다. 그 정도가 한국인은 나로서는 도무지 이해가 안 가는 수준이다. 한번은 이탈리아 지인의 오토바이를 누가 훔쳐갔는데, 경찰서가 아닌 동네 마피아에게 가는 것이 아닌가? 알고 보니 그 마피아 조직의 일원이 오토바이를 훔쳐 간 것이었다. 나는 경찰에 가야지 왜 위험하게 마피아한테 가냐고 말렸지만, 결연한 표정으로 마피아를 찾아간 그는 오토바이값을 지불하고 자기 오토바이를 다시 사 왔다.

이런 비상식의 세계에서 본 이탈리아 마피아들은 모두 축구팬이었고, 자주 마피아가 축구 구단의 부패와 관련되었다는 내용이 이탈리아 뉴스에 나왔다. 이를 봐왔던 나는 '축구=마피아'로 연상하고 있었다. 이런 걱정에 6개월간 해당 미팅을 미루다가 마침내 수락했다.

맨시티 측에서 나오는 사람이 미국 사람이라고 전달받기는 했으나 〈소프라노스〉라는 미국의 이탈리아계 마피아 얘기를 다룬 드라마를 본 적도 있는 터라 의심의 끈을 놓지 않았다. 약속 장소에서 잔뜩 경계하며 기다리는데, 그 사람이 아베크롬비 쇼핑백을 들고 약속 장소에 들어오는 게 아닌가! 이탈리아 마피아들은 명품에 환장하지 캐주얼한 브랜드인 아베크롬비에서 쇼핑할 사람들이 아니기에, 저 사람은 진짜 일반인이구나, 싶어 그 순간 마피아에 대한 걱정은 싹 사라졌다.

유창한 미국 악센트로 자기소개를 하며 앉은 그는 능숙하게 미팅 주제를 풀기 시작했다. 언제나 느끼는 것이지만, 동종 업계 사람과 하는 미팅은 대화의 기술이 크게 필요하지 않다. 하지만 이 비즈니스에 익숙하지 않은 사람에게 맞춰 그 내용을 최대한 깊고 정확하게 전달하는 데는 뛰어난 대화의 기술이 필요하다. 어려운 전문 용어를 쓰며 어렵게 얘기해야 자기의 전문성이 잘 드러난다고 착각하는 사람들이 참 많다. 그러나 전문 용어를 일반 용어로 얼마나 잘 푸는지가 진짜 능력이다. 내 앞에 앉은 사람은 아주 쉬운 용어와 설명으로 그날 축구 비즈니스에 나를 성공적으로 입문시켰다. 그리고 결과적으로 나처럼 처음 입문한 에이전트를 통해 이후에 맨시티에 수익을 가져오도록 만들었으니 정말 전문가이자 능력자 아닌가? 문외한도 이해할 수 있게 눈높이를 맞추어 대화하는 것, 현재도 타 분야 사람들과 미팅할 때 항상 명심하려 하는 그 습관은 사실 그 사람에게서 배웠다.

미팅의 의제는 맨시티의 아시아 축구 구단 인수와 관련된 것이었다. 맨시티는 '시티풋볼그룹'이라는 모회사에 소속돼 있었는데, 당시 이 그룹은 맨체스터를 연고로 한 맨시티 외에도 아부다비, 뉴욕, 요코하마, 멜버른에 각 1개씩의 구단을 보유하고 있었다. 그 당시 한국에서는 이 구단 자체보다는 구단의 소유주가 더 유명했다. 중동 석유 재벌이며 왕족인 셰이크 만수르다. 한국에서는 '만수르'가 부자를 뜻하는 단어의 대명사처럼 사용되며 개그 프로그램 등에서도 만수르 씨의 부를 활용한 개그가 인기를 얻을 정도로, 당시 시티풋볼그룹 소유주의 부와 야망은 세계적으로 유명했다.

만수르 씨는 본인이 방문하는 전 세계 주요 도시마다 자기 소유 구

맨체스터 시티 FC (2008) 뉴욕 시티 FC (2013) 멜버른 시티 FC (2014) 요코하마 F. 마리노스 FC (2014) 몬테비데오 시티 토크 (2017)

단이 있었으면 좋겠다는 생각을 가진 대단한 야망가였다. 축구에 특별한 애정을 가지고 소유 구단을 지원했고, 이 프로젝트를 위해 각 분야의 최고 전문가들을 무슨 수를 쓰더라도 스카우트해내고야 말았다. 실제로 수십 년간 맨체스터 유나이티드(맨유)에 더비 때마다 말 그대로 얻어터지기만 하던 맨시티는 만수르 씨가 2008년 인수한 이래 맨유에서 50%, 바르셀로나에서 50%의 직원을 빼내와 프리미어리그와 라리가 출신의 전문가들로 구성된 운영진을 만들어 불과 5년 만에 리그 우승이라는 업적을 이뤄냈다. 실제로 맨시티는 현재 업계에서 가장 높은 연봉을 제시하는 구단으로도 유명하다. 물론 높은 연

| 지로나 FC
(2017) | 쓰촨 주뉴
(2019) | 뭄바이 시티 FC
(2019) | 로멀 SK
(2020) | 트루아 AC
(2020) |

씨티풋볼그룹이 인수한 세계 각지의 구단들. 괄호 안은 인수한 연도다.

봉을 받는 만큼 핵심 간부들은 굉장히 높은 실적 압박에 시달린다. 풋볼 디렉터와 감독 및 코칭스태프들은 리그 및 챔피언스리그 성적에 압박을 받고, 구단 운영팀은 수익을 높여야 한다는 압박을 받고, 아카데미 팀은 유망주 발굴에 압박을 받는다.

이런 부분들과 만수르 씨의 글로벌한 야망이 연계되어 나온 프로젝트가 바로 시티풋볼그룹의 해외 구단 인수 계획이다. 당시 뉴욕, 요코하마, 멜버른의 구단 인수를 마친 그룹은 앞으로 구단에게 가장 중요한 시장이 될 아시아에서의 추가 사업을 구상하고 있었다.

구단 인수 작업을 위해서는 인수하려는 구단이 속한 나라의 축구계 및 축구팬뿐만 아니라 정부와 기업에 대해서도 깊은 이해가 필요하다. 또 유럽인들과 팀으로 일하는 데 문화적 어려움이 없어야 한다. 이 때문에 맨시티는 한국의 정부기관과 대기업에서 일한 뒤 유럽 컨설팅업계에 몸담고 있는 나를 해당 프로젝트의 적임자라 여겼다. 다만, 당시 맨시티는 중국 구단을 우선 순위로 놓고 있었다. 나는 축구 리그의 전문성과 선수들의 전반적인 수준을 생각했을 때 한국 구단 인수를 대신 추진하고 싶었기에 그런 의견을 전했고, 그날은 그 정도로 마무리하고 일단 각자 돌아가 내부적으로 논의를 더 해보기로 했다.

하이힐 신고 축구장으로
-맨체스터 시티, 나의 첫 협상

얼마 뒤 맨체스터에서 두번째로 미팅을 하자는 요청을 받고 전달받은 주소로 갔다. 그런데 여긴 사무실 건물이 아니라 맨시티의 홈구장 에티하드 스타디움이 아닌가? 어리둥절하다가 일단 주차를 하려는데, 옆에 차를 긁을 것만 같아 경비원으로 보이는 덩치 큰 남자에게 부탁했다.

"죄송한데 주차 좀 대신 해주시면 안 될까요?"하며 키를 넘기니, 잠시 당황한 눈빛이던 남자는 곧 키를 받아들고 주차를 해주고는 머리를 조금 갸우뚱하면서 사라졌다. 나중에 알고 보

나의 첫 협상 상대였던 맨체스터 시티의 홈구장인 에티하드 스타디움.
부호인 만수르 씨의 대규모 투자로 지어진 호화 구장으로 이름이 높다.

맨시티 에디하드 스타디움의 모습.

니 그 사람은 맨시티의 레전드 골키퍼였다. 자기 인생에 남의 차 발렛 파킹은 처음이었을 것이다.

맨체스터의 강풍을 얻어맞으며 스타디움 앞에 서 있는데, 지난번 만났던 CCO가 나와서 나를 스타디움 VIP 박스로 데리고 갔다. 이 업계에서 일하면서 나중에 알게 된 사실이지만, 빅클럽들은 처음 비즈니스를 논의하는 에이전트를 만날 때 자신들에게 유리한 계약 조건을 점하기 위해 VIP 라운지를 보여주거나 아예 VIP 박스를 미팅룸으로 잡아 '우리는 이런 빅클럽이고 너는 조그만 에이전트일 뿐, 우리를 상대로 협상하기 쉽지 않을 테니 주는 조건대로 받아. 더 뜯어낼 생각 말라'라는 메시지를 주려고 든다. 게다가 축구팬으로 자란 남자 에이전트들이 많기에, 경기장 일반석에서만 경기를 보다가 경기가 없는 날 VIP 박스석에 개인적인 방문을 하는 영광을 접하면, 미팅에서 협상에 집중 못하고 주의가 산만해져버리고는 한다. 그러면 구단 측이 협상을 유리하게 끌고 갈 수 있다.

여자로서 남자 위주의 업계에서 일하는 것이 힘들지 않냐는 질문을 많이 받는데, 물론 무시당하는 경우도 많다. 나 또한 스포츠팬으로 자랐지만 어떤 사람은 내가 여자라는 이유로 축구에 완전 문외한이라고 여기고 "축구는 11명이 하는 스포츠고, 공을 가지고 해요. 발로"라며 설명하려 들기까지 했다. 하지만 여자라는 점이 오히려 유리하게 결과에 영향을 끼칠 때도 있다. 그날도 그랬다.

사실 내 경우는 기회가 된다면 여기서 경기를 보고 싶었지, 경기가 없는 날에 VIP 박스석에 간다는 것에 별 감흥이 없었고, 그날따라 높은 굽의 힐을 신고 있는데 자꾸 위로 올라가자고 해서 VIP층까지 올라가는 동안 오히려 짜증이 좀 솟구쳤다. '아, 뭔가 이 일은 시설에 방문할 일도 많고, 시설들이 규모도 커서 굽 신고 엄청 고생하게 생겼는데?' 하는 생각이 들어, 그 영향으로 VIP 박스에서 논의할 때 원래 생각하고 온 계약 조건보다도 되레 높게 제시했다. 맨시티 측은 살짝 당황한 듯했지만, 결국 내가 제시한 조건으로 일하게 되었다.

유럽 축구계가 일의 진행 속도와 의사 결정이 빠르다는 것을 그날 알 수 있었는데, 놀랍게도 맨시티는 서울 방문을 그날 그 자리에서 바로 결정했다. 물론 업계에 깊이 들어간 뒤에 보니 이건 약과였는데, 선수 이적 같은 경우는 대화를 시작한 지 불과 3시간 만에 5년 계약의 계약 세부 내용까지 모두 합의하는 경우도 보았다.

한국인 여자, 유럽 축구계의 키플레이어가 되다

이 미팅은 시작과 그 끝이 매우 인상적이었는데, 아직도 미팅에서 당사자가 앉자마자 한 첫마디를 기억한다.

"만족스럽지 않겠지만, 우린 K리그엔 투자하지 않을 거예요. 모두의 의견을 모은 결과 전략상 우리에게 당장 중요한 것은 중국 시장이라는 결론이고, 따라서 중국으로 방향을 잡았으면 합니다."

내 의견이 받아들여졌기에 두번째 미팅 의뢰가 왔다고 생각했던 나는 다소 충격을 받기는 했으나, 이어 준비했던 반론들을 제시했다.

"중국은 대륙이 커서 모든 지역을 한 구단으로 커버하기에 무리가

맨시티 VIP라운지의 입구. 이 문을 통과해 박스석에 들어가 미팅을 시작하며 유럽 축구계와 본격적으로 만나게 되었다.

있고, 동아시아 국가 간의 관계를 고려해보더라도, 전략적으로도 한국 점유율을 높인 후에 중국 시장에 본격적으로 들어가는 것이 유리합니다. 게다가 이 사업이 유소년 인재들을 조기 발굴하고자 하는 목적도 있다는 걸 고려할 때 리그의 수준과 선수들의 경기력이 조금이라도 더 높은 곳에 먼저 투자하는 것이 수순 아닌가요?"

1시간여의 논쟁 끝에 결국 맨시티 측은 말했다.

"합시다. 한국으로 합시다. 이번 달 안으로 서울 가는 날짜를 잡도

직원 카페테리아에 걸려 있던 'One Team' 설치물. 모든 직원의 얼굴을 담아 만든 직원소개란

록 하지요."

미팅의 시작에서 상대가 취하고 있던 입장을, 미팅을 마칠 때는 완전히 뒤집었다는 점에서 아직도 상당히 뿌듯한 기억으로 남아 있다. 게다가 당시 맨시티 수뇌부는 한국을 방문한 적이 한 차례도 없었다고 했기에, 내가 처음으로 그들을 한국으로 향하게 했다는 사실에 내심 기뻤다.

미팅이 끝난 후 내부 시설을 둘러볼 수 있었다. 구단은 화려한 VIP

2015년 맨체스터 시티 에티하드 스타디움 VIP 초청 때 모습

라운지와 일명 '엉따 좌석'(맨시티는 추운 겨울에 경기를 보는 관중들을 위해서 홈구장 VIP 좌석 일부에 열선을 깔았는데, 국내에서는 이것이 만수르 씨의 부를 보여주는 상징으로 유명해졌다) 같은 고급 시설들에 감명받기를 기대했던 것 같은데, 나는 사실 유럽 구단 내부 시설을 본 게 이때가 처음이었기 때문에 비교 대상이 없어 판단할 게 전혀 없었다. 내가 감명받은 것은 사실 직원 카페테리아에 걸려 있던 직원 소개란이었다. 거기에는 모든 직원의 얼굴을 담아서 'One Team'이란 이름으로 사진들을 걸어놓았다. 소유주가 중동 재벌이자 왕족인 만수르 씨다 보니 시설들이 다 진정한 부를 보여주기는 했지만, 딱히 같이 일하고 싶다고 느껴지지는 않았는데, 그 사진을 보자 '한 팀으로 이 프로젝트를 같이 만들어가면 애정을 가질 수도 있겠다'라는 생각이 들었다.

맨시티와의 이 만남이 유럽 축구계와 나의 첫 접촉이었는데, 축구계는 무식하고 마피아 문화가 있을 것이라는 두려움과 달리 미팅에서의 논의는 내가 일해왔던 다른 비즈니스 세계에서와 다를 바 없는 지극히 정상적인 토론이었다. 편견이 사라지고 나니 프로젝트 자체의 매력이 다가왔다. 구단 인수 과정에 함께한다는 것은 인수 이후 구단의 리빌딩에도 함께하게 된다는 의미여서, 그 점이 특히 나를 들뜨게 했다.

하지만 결과적으로 우리는 서울 방문 후 여러 가지 문제로 결국 K리그 구단을 인수하지는 않았다(기밀 유지상 그 이유는 밝히지 못한다는 건 양해해주길 바란다). 우리는 계획을 재정비하여 중국으로 방향을 전환했다. 하지만 이 과정에서 맨시티와 나는 새로운 사업도 같이하게 되었고, 맨시티 측 수뇌부가 거액이 오가는 사업 특성상 내가 유럽에 직

접 에이전시를 설립해 거래하는 게 어떻겠냐고 추천하여 지금의 회사
도 형태를 갖추게 되었다. 그로부터 6개월 뒤 나는 맨시티 구단 역대
아시아 수입 2위에 해당하는 계약을 성사시켜 주었다. 우리가 이 계
약 오피셜을 발표한 지 1주일이 지나 나는 리버풀·아스널·토트넘·첼
시·레알 마드리드 등 유럽 내 주요 빅클럽들의 미팅 의뢰를 받게 됐
다. 그렇게 나는 유럽 축구 비즈니스계의 키플레이어로 자리 잡았다.

제 2 장

에이전트가 본 구단

2018년 결승 진출이 확정된 후 축하한다고
한 리버풀 경영진에게 문자를 보내자
그는 이렇게 대답했다.
"우리가 있을 곳으로 돌아간 거지
Back to where we belong."

영국 축구의 성지, 웸블리
영국에서 열리는 토너먼트의 결승전 장소이자 FA컵 우승의 현장
그 안에 자리잡은 영국 국가대표팀이 사용하는 라커룸

구단 에이전트가
하는 일

에이전트라는 일을 생각할 때 일반적으로 가장 잘 알려진 업무는 아마도 선수 에이전트일 것이다. 〈제리맥과이어〉처럼 많은 영화들도 이에 기반해 만들어졌다. 아마도 이는 대형 선수의 스타성이 주목받기 쉬우며 대형 선수를 발굴하고 스타로 키우는 과정에서 나타나는 에이전트-선수 간 관계성의 스토리가 가지는 드라마 구도 때문일 것이다.

축구 에이전트라고 할 때도 많은 이가 선수 에이전트를 떠올리지만, 사실 축구 에이전트는 축구계의 모든 계약 협상에서 한쪽을 대리하는 역할을 의미하기에 보통 사람들이 생각하는 것보다 훨씬 넓은 범주의 협상을 다룬다.

유럽 축구의 상업 가치가 커짐에 따라 선수의 이적 계약과 연봉 계약은 구단의 실제 운영에서는 작은 숫자에 불과하고, 구단은 매년 수백 건의 다양한 상업 계약을 체결하여 수입을 올리고 있다. 따라서 에이전트들은 선수들을 대리하는 일 외에도 구단이 고용하는 에이전트가 되어 스포츠 상업 계약 전반을 대리한다. 그 종류는 구단 인수 합병 계약, 선수 이적 협상, 스폰서십 계약, 중계권 계약, 머천다이즈 라이선스 계약, 초상권 계약 등 매우 다양하다. 나는 빅클럽들의 이런 상업 계약 중 해외 협상을 담당하는 구단 에이전트로 일하고 있다.

인생은
리버풀처럼

축구 산업이라는 분야의 특성상 일을 하다 보면 에이전트는 맡은 협상을 진행하는 데 있어 선수의 부상, 감독의 역량과 성향, 구단 성적, 구단 직원의 능력과 성향, 구단 수뇌부의 능력과 성향, 구단 오너의 특성, 구단 인수·매각 등의 변화, 리그 사무국의 능력과 성향 등에 모두 영향을 받게 된다.

특히 구단의 성적은 선수영입 계약이나 스폰서십 계약 등에 중요한 영향을 미칠 수밖에 없는데, 최근 구단 성적으로 내 업무에 가장 큰 긍정적 변화를 준 구단은 단연 리버풀 FC다. 그리고 이 변화는 감독의 성향에서부터 감지되었다.

나는 리버풀과 2015년부터 같이 일하기 시작했는데, 그때 리버풀의 상황은 참담했다. '리중딱(리버풀은 중위권이 딱이야)'이라 불리며 조롱거리로 전락했고, 리버풀은 더 이상 빅클럽이 아니라는 막말까지 감내해야 했다. 나는 이게 너무 안타까웠다. 여러 구단과 일을 하는 에이전트들은 보통 일하는 수준과 업무 진행 방식에서 구단의 수준을 바로 딱 알 수 있는데, 경기 성적과 무관하게 같이 일하는 구단 중 리버풀은 단연 톱 클래스 중 하나였기 때문이다.

2014-15시즌을 6위로 마친 리버풀은 2015-16시즌 초반에도 여전히 불안한 경기력을 보였다. 그러다 2015년 10월, 결국 리버풀 운영진은 감독 교체를 결정한다. 독일 분데스리가에서 도르트문트 팀을 맡아 리그 2연패를 이루고 챔피언스리그 결승에도 팀을 올린 위르겐 클롭 감독을 새로 선임한 것이다. 리버풀에 클롭 감독이 부임해서 처음 언론 인터뷰를 하는 날, 나는 리버풀 사무실에서 중요한 협상을 앞두고 리버풀 측과 협상 전략을 논의하고 있었다. 그런데 갑자기 국가대표 축구 중계 중에 골이 터졌을 때의 아파트단지처럼 "와-!" 하는 함성이 사무실 전체에 울렸다.

"이 시간에 중계도 아닐 텐데 무슨 일이지?"

"지금 클롭 감독 첫 부임 인터뷰 생중계하고 있는데, 직원들이 보고 싶다고 해서 구단에서 업무 멈추고 다같이 보게 해줬어."

"아, 나 때문에 너네만 못 보고 있는 거구나! 뒤에 일정 여유 있으니까 같이 보고 와서 마저 논의하자."

나가 보니 직원들은 마치 아이돌 데뷔 무대를 바라보는 기획사 식구들처럼 '실수하지 말고 잘해' 하는 표정으로 인터뷰하는 클롭 감독을 보고 있었다. 그리고 당신도 '스페셜 원'(당시 라이벌 팀인 첼시의 감독을 맡고 있던 조제 무리뉴가 스스로를 스페셜 원special one이라고 부른 데서 나온

▲ 리버풀 CEO 빌리 호건Billy Hogan과 나. 리버풀 런던 사무실에 전시된 빅이어 앞에서.
▼ 리버풀 구장 새 스탠드 모형을 가리키는 빌리 호건

리버풀 런던 사무실에 전시되어 있는 빅이어 (챔피언스리그 우승 트로피) ▲
리버풀 런던 사무실 내부 ▼

질문)이냐는 한 영국 기자의 질문에 클롭이 "나는 노멀 원입니다I am the normal one"라고 대답하자 리버풀 직원들은 모두 까르르 웃어 넘어 갔다. 그들의 그 얼굴에는 농담 자체가 웃긴다는 사실을 넘어 이렇게 유머러스하고 재치 있는 사람이 우리 구단의 감독으로 왔다는 뿌듯함마저 보였다.

클롭은 기자들을 유쾌하게 다룰 줄 아는 미디어 친화적인 인물로 잘 알려져 있다. 클롭은 독일 내에서 실력과 인품 모두에서 높은 평가를 받으며 국민 영웅 수준의 존경을 받고 있다. 클롭이 리버풀을 맡으며 영국으로 이주한 후, 분데스리가 관계자들과 미팅을 하면 독일인들은 클롭의 안부와 영국 내 평가를 내게 묻곤 했는데, 클롭에 대한 독일인들의 사랑이 깊게 느껴졌다. 사실 독일인처럼 자부심이 강한 국민들 사이에서 존경받는 인물이라는 것 자체가 많은 것을 알려준다. 내가 지켜본 클롭은 인품이 좋을 뿐만 아니라 사회생활 자체를 정말 잘하는 사람이었다. 축구감독 안 하고 대기업 들어갔어도 임원 달았을 거라는 생각이 들 정도다. 감독 중에 훈련과 경기 외 구단 업무에 대해선 짜증으로 일관하며 비협조적인 사람들도 종종 있는데, 클롭은 그렇지 않았다.

한번은 내가 진행 중이었던 리버풀 관련 협상이 답보 상태로 몇 주가 지나며 협상이 실패할지 모른다는 두려움이 커져갈 때가 있었다. 나는 초조해졌다. 협상 상대에게 이 계약을 새로운 시각에서 관심을 갖게 할 전환점이 뭐라도 필요했다. 오랜 생각 끝에 나는 리버풀 측에 말했다.

"실질적인 의사 결정자에 대해 조사를 좀 해봤는데, 그 사람 독일에서 7년이나 산 적이 있어. 영국에는 산 적이 없고. 그 사람한테는 리버풀이라는 구단이 아니라 클롭이 오히려 마음을 움직이는 요소가 아닐까? 우리가 여태 포인트를 잘못 잡아 접근한 것 아닐까?"

"제시해보기 전까지는 알 수 없지."

"클롭과 직접 대화를 하게 할 수는 없으니, 대신 클롭이 그 사람에게 보내는 개인 메시지를 담은 영상을 제공해서 반응을 떠보는 게 어때?"

"내일모레까지 보내려면 늦어도 내일까진 영상을 찍어야 하는데…."

"내일은 유로파 준결승 전날이잖아, 젠장."

"얘기는 꺼내 보겠지만, 뭐, 알잖아, 카탈리나. 감독들 다 어떤지. 기대는 마."

큰 기대 없이 있던 나는 다음날 업무 이메일 확인 중에 놀라서 뒤로 넘어갈 뻔했다. 이메일에 첨부된 영상에는 클롭이 상대방에 보내는 메시지와 함께 "꼭 계약해서 안필드에서 만납시다"라며 윙크하는 모습이 담겨 있었다. 준결승 전날에 이런 여유라니…. 회사를 다녀본 사람들은 알지만, 일을 잘하는 사람일수록 이상하게 항상 여유가 있다. 클롭은 그런 사람이었다. 실제로 리버풀은 준결승에서도 이겨서 결승에 진출했으니 대책 없이 여유만 부린 게 아니었다. 클롭의 영상 메시지도 상대에게 효과가 있었고, 나는 죽어가던 협상을 되살릴 수 있었다. 이렇게 에이전트에게 감독은 추가 협상 카드가 되어주기도 한다.

리버풀은 미국 보스턴 레드삭스를 가지고 있는 펜웨이 스포츠 그룹에 속한 클럽이다. 스포츠 산업의 역사는 미국이 더 길어서 우리 업계에서는 구단이 미국계 오너와 경영진이면 그 사실만으로도 사실 평균 이상의 능력을 기대할 수 있는데, 펜웨이 스포츠 그룹 수뇌부들의 업무 능력은 그중에서도 톱 클래스였다. 리버풀 직원들도 하나같이 가족 같고 따뜻하면서도 일에서는 똑똑하고 열정적인 사람들로 구성되어 있었다.

에이전트로 모든 구단과 일을 해야 하는 입장이기에 사적 감정을 배제하려고 하지만, 그래도 정이 더 가는 구단, 왠지 얄미운 구단, 일하기 즐거운 구단, 돈 때문에 어쩔 수 없이 같이 일하는 구단이 있기 마련이다. 리버풀은 일도 톱 클래스일 뿐만 아니라 같이 일하면 즐겁고 정이 가는 구단이기도 했다. 리버풀 구단에는 영국 북부 특유의 상남자 같은, '츤데레' 같은 정이 있었다.

클럽 감독 부임 전, 리버풀 상황이 좋지 않았을 때 나는 진심으로 리버풀이 예전 영광을 되찾기를 원했다. 이런저런 방법으로 리버풀에 좋은 딜을 가져다주려 애썼지만, 당시 리버풀의 성적이 계속해 발목을 잡아 성사의 문턱에서 좌절되는 협상이 많았다. 나는 좌절감을 수도 없이 느꼈다. 펜웨이 스포츠 그룹이 미국계이다 보니 보스턴 레드삭스는 친자 대우를 해주고, 리버풀은 양자 취급하며 덜 지원하는 것 아닌가, 하는 원망마저 들었다.

리버풀 경영진은 수도 없이 다양한 약속을 하며 여러 계약을 추진해주기를 계속 원했으나 실질적으로 도움이 된 변화는 사실 없었다. 내가 리버풀의 부활에 실제로 믿음을 가진 것은 바로 저 2016년 클럽의 부임 인터뷰를 본 순간이었다. 클럽 하우스별 분위기와 일하는 스타일의 차이를 모두 아는 내 입장에서 부임 인터뷰에서 보여준 클럽의 성향과 기술은 리버풀 팀과 100% 들어맞았다.

리버풀FC 리버풀 머지사이드 사무실 내부 ▲
리버풀 VIP박스석의 모습 ▼

그는 선수들을 독려하며 팀을 이끌고, 경영진을 설득하고, 직원들과 협력하면서도 언제나 따뜻함과 유머를 잃지 않는, 리버풀 같은 영국 북부 도시의 축구 구단에 꼭 필요한 감독상이었다. 서민적이고 끈끈한 정이 있는 리버풀 지역 팬들의 성향과 구단의 성격상 리버풀 팀에는 독단적이고 카리스마로 선수단과 구단을 장악하는 감독보다는 인간미 있고 능수능란하게 까다로운 상황을 푸는 능력이 있는 감독이 전통적으로 더 잘 맞았다. 예상대로 클롭이 선수단과 구단 전체에 가져온 변화는 대단했다. 앞의 사례에서도 알 수 있듯이 클롭은 좋은 성적을 가져왔을 뿐만 아니라 보이지 않는 곳에서도 구단이 다양한 사업을 추진하는 데 큰 동력이 되어주었다. 결국 클롭의 부임은 리버풀과 일하는 에이전트들이 추진하던 협상들에서도 긍정적 결과물을 만들어내는 데 일조했다. 에이전트들은 이렇게 감독의 성향에도 영향을 받게 된다.

2019년, 마드리드에서 나는 리버풀이 드디어 챔피언스리그 우승을 하며 왕좌를 되찾는 것을 구단 관계자들과 함께 지켜보는 영광을 누렸다. 그런데 사실 우린 그 전해인 2018년 리버풀이 11년 만에 챔피언스리그 결승에 올랐을 때 더 감격했다. 이때 리버풀 구단은 스스로를 못 믿던 자기 자신을 증명한 것 같은 그런 기분이었을 것이다. 몇몇 구단 관계자는 이때 감격해 울었다. 나 또한 가슴이 뭉클했다.

2018년 결승 진출이 확정된 후 축하한다고 한 리버풀 경영진에게 문자를 보내자 그는 이렇게 대답했다.

"우리가 있을 자리로 돌아온 거지Back to where we belong."

자격 있는 팀이 제 자리를 되찾는 모습을 보는 일은 즐겁다. 리버풀이 계속 유럽 축구의 강자로 자리했으면 한다. 그들은 그럴 자격이 있으니까.

역사와 전통의 품격을 지닌 아스널

구단이 에이전트에게 관계에 있어 충분한 신뢰를 주어 구단 이름 자체가 위기를 극복할 추진력이 되어주는 팀도 있다. 나에겐 아스널이 그랬다.

아스널은 아마도 같이 일하는 유럽 구단 중에 가장 부패지수가 낮지 않을까 하는 구단이다. 무슨 수를 써서라도 당장의 수익과 성적을 내는 것이 무엇보다 중요한 유럽 축구계이지만, 아스널 직원들에게서만큼은 "오늘의 그 어느 것도 아스널의 역사보다 중요하진 않다" 같은, 아스널 클럽 하우스의 역사와 가치에 대한 존경심과 책임감이 느껴진다.

아스널이 일하는 방식은 보수적이나, 품위 있고 클래식하다.

1989년 힐스버러 참사(리버풀과 노팅엄 포리스트 간의 FA컵 준결승전에서 좁은 장소에 너무 많은 관중이 몰리며 96명이 사망한 사건. 리버풀 응원 구역에서 사고가 발생해 희생자는 모두 리버풀 팬이었다) 직후, 아스널은 리그 일정상 리버풀과 경기를 치르게 되어 있었다. 리버풀 선수들은 평소 안면이 있던 팬들까지 원정 경기에 응원하러 갔다가 사망한 상황에 큰 충격에 빠져 있었다. 당시 리그 우승을 놓고 리버풀과 경쟁 관계에 있던 아스널의 입장에서는, 어찌 보면 손쉽게 승점 3점을 챙길 수 있는 기회였다.

그러나 놀랍게도 아스널은 힐스버러 참사 다음 날 스스로 경기를 연기한다. 영국축구협회는 일정대로 경기를 치르지 않는다면 아스널이 몰수패를 당하거나 페널티를 받게 될 것이라며 으름장을 놓았지만, 아스널 운영진은 "상관없다We don't mind"라고 일축해 리버풀 구단과 팬들에 큰 감동을 주었다. 이런 아스널의 태도는 다른 구단들의 동참을 불러와 결국 영국축구협회는 그 주 경기를 모두 취소하고, 남은 리그 경기 스케줄을 전면 재조정하는 수밖에 없었다. 이후 영국축구협회는 지금까지 힐스버러 참사의 아픔을 배려해 4월 15일에는 리버풀 팀의 어떤 경기도 잡지 않는다. 승패보다 슬픔에 빠진 상대에 대한 배려를 우선시한 아스널의 태도가 이런 의미 있는 전통을 만들어낸 것이다.

아스널은 원리원칙주의이기도 하다. 현재 유럽 구단들은 테러와의 전쟁을 치르는 중인데, 특히 수도에 위치한 빅클럽의 경우 스타디움이 도시의 랜드마크인 탓에 자주 테러 위협을 받는다. 이 때문에 아스널 사무실을 방문할 때는 차량 트렁크 검사에 동의해야 하는데, 나는 처음엔 이를 굉장히 불쾌하게 여겨 반발했었다.

"이보세요, 저 아스널 에이전트고 자기들이 와달라고 해놓고는 차를 뒤져요? 이런 무례가 어딨나요? 제가 어딜 봐서 테러리스트일 거 같아요?"

"레이디, 에이전트가 아니라 영국 총리가 와도 트렁크 검사해야 합니다. 예외 없습니다."

'아, 예… 총리까지 들먹일 건 없잖아.'

또 아스널은 그들이 추구하는 정신을 꿋꿋하게 추구하며, 그로 인해 마켓의 신뢰를 받는 구단이다. 에이전트들이 구단을 위해서 일할 때 가끔 우리가 계약서를 쓴 협상이 날아가 급히 협상 상대를 변경하게 될 때가 있다. 이럴 때 에이전트는 상당히 위험한 상황에 놓인다. 계약서 없이 진행하기엔 성사되더라도 돈을 못 받지 않을까 걱정되고, 그렇다고 구단과 나 사이의 계약서를 다시 쓰자면 양쪽 법무팀 검토를 거치고 워딩과 조건을 협상하는 동안 이적 기간이나 협상 기한을 놓치게 돼 어차피 돈을 못 벌게 되니, 일을 진행할 수도 없고 그렇다고 접을 수도 없는 진퇴양난인 거다. 이럴 때 에이전트들은 구단을 믿고 가거나, 아니면 우리 업계는 내 '밥상'이 못 될 바에 차라리 그 밥상은 엎어버려야 한다는 주의이기에 협상을 고의로 결렬시킨다. 많은 에이전트가 구단을 믿지 못해 후자를 선택한다.

2019년 내가 아스널을 대리해 진행하던 협상에서 위와 같은 상황에 놓인 적이 있다. 그때 우리는 정말로 계약 성사 직전까지 온 상태였다. 협상 대상을 변경하기만 하면 딜을 가져올 수 있다는 정황이 확실했으나 계약서를 다시 쓰고 하려면 기한을 놓치게 될 것 같았다. 아스널 수뇌부 멤버는 나를 불러 이렇게 말했다.

"카탈리나, 장담하건대 이 업계에 아스널을 위해서 일하고 돈을 받지 못한 에이전트는 없어. 나를 믿고 가자고는 하지 않겠어. 하지만 넌 이 업계에 있을 만큼 있었으니 아스널 클럽 하우스 이름은 믿을 거야. 그걸 믿고 이번에 계약서 없이 새 타깃으로 바로 같이 가주면 성사 시

▲ 아스널 FC 런던 사무실 외관
▼ 아스널 FA 런던 사무실 내부

기존에 약속했던 것과 똑같은 커미션을 준다고 아스널 이름으로 약속하지."

유럽 축구계에 발이 넓고 경험이 많은 에이전트에게 우리한테 돈 못 받은 에이전트 있으면 이름 대보라는 식의 자신감은 근거 없이 나오는 것이 아니다. 20초간 나는 지난 7년간의 기억을 되짚어 봤는데, 이런, 반박할 수가 없다. 정말 사실이었다. 한 번도 업계에서 아스널을 위해 뭔가를 성사시켰는데 돈을 받지 못해 법적 대응을 준비한다는 에이전트나 심지어 아스널을 욕하는 에이전트조차 들어본 적 없다는 것을 처음으로 깨달았다. 아스널은 그런 구단이다.

내일은 빅클럽
발렌시아

구단이 에이전트를 통해 추진하려는 사업을 성사시킬 만큼 성숙했는지, 충분한 성장을 이루었는지도 에이전트 업무를 이행하는 데 중요하다. 톱리그에 속한 구단일수록, 빅클럽일수록, 갖추고 있는 사업 네트워크와 시스템이 좋고, 그만큼 불안 요소가 적다. 그래서 에이전트 입장에서는 기왕이면 시간과 노력을 빅클럽에 쏟는 것이 결과물도 낫고, 또 거래의 사이즈도 그만큼 크기에, 한 번 빅클럽과 일을 하기 시작하면 그 아래 수준 구단의 요청에는 일을 잘 수락하지 않게 된다.

하지만 모든 일이 그렇듯, 잠재력 있는 구단이 다음 단계로 도약하도록 돕는 일도 그 나름의 성취감과 재미가 있다. 발렌시아와의 일이 그랬다.

발렌시아 구단과 처음 만났을 때 나는 미팅에 들어온 발렌시아 쪽 관계자 숫자 때문에 살짝 당황했다. 거의 6명이나 됐던 것으로 기억하는데, 사실상 모든 관계 부서 담당자가 온 것이다. 나 하나 때문에 이렇게까지 온 클럽 파트장이 모이지 않아도 되는데 상당히 당황스러웠으나, 이는 사실 발렌시아가 그만큼 빅클럽으로 가는 여정에서 절박했기 때문이었다. 발렌시아는 내가 같이 일한 중위권 구단 중 유일하게 자기들이 중위권이라는것을 에이전트에 인정하고(대부분 한두 번 상위권에 올랐던 시즌을 내세우며 빅클럽이라고 우긴다) 나에게 "당신은 맨시티, 리버풀, 레알 마드리드, 파리 생제르맹 등 모든 리그의 빅클럽과 일을 다 해봤잖아요. 우리에게 부족한 점이 뭐인 것 같나요?"라고 물은 유일한 중위권 구단이고, 나는 그 솔직함과 겸손함을 매우 높게 평가했다.

그래서 내가 운영하는 회사를 통해 발렌시아의 한국어 SNS 채널도 개설해주었다. 동아시아 시장에서 인지도를 빠르게 높일 수 있는 수단인 디지털 마케팅과 온라인 액티베이션에 대해 다양한 아이디어를 주기도 했다. 발렌시아는 다른 빅클럽만큼 아시아 문화에 익숙하지는 않지만, 열심히 하려고 항상 노력했다. 한 예로, 발렌시아는 3.1절을 앞두고 기념 포스팅을 한국에 올리고자 했다. 그런데 발렌시아 포스팅 디자인 담당자는 3.1절을 Independent Movement Day(독립운동일)가 아니라 Independent Day(독립기념일)로 잘못 이해해서 풍선과 축하 메시지가 가득한 밝디 밝은 포스팅을 보내왔다. 이를 본 우리 회사 한국인 직원은 "부적절해!!! 매우 부적절해!! 3.1절은 많은 사람이 희생

발렌시아 CF의 3.1절 포스팅. 수정 전(위)과 수정 후(아래)

되고, 죽은 날이야. 그런 날 풍선은 부적절해!!!" 하며 디자인을 놓고 담당자와 옥신각신했으니 그 모습을 보고 웃지 않을 수가 없었다.

에이전트는 리그별 발전 정도, 업무 스타일, 문화 스타일에도 영향을 많이 받게 된다.

▲ 발렌시아 CF 사무실 건물의 앞 모습
▼ 발렌시아 CF 구장의 모습.

뒤에 또 설명하겠지만, 프리미어리그는 유럽 축구계에서 축구 비즈니스의 상업화와 국제화를 가장 먼저 이룬 리그라 그런지 성과주의가 심하고, 경쟁이 과열되어 있어, 업계 종사자들이 그만큼 다소 예민하게 굴고 업무 관계에서 인간미를 느끼기는 어렵다. 그런데 이는 리그의 특성 탓도 있지만, 어찌 보면 영국인들이 비즈니스 하는 스타일이 녹아든 것이기도 하다. 이에 반해 라리가나 세리에 A에서는 남유럽 특유의 여유로운 모습과 인간관계를 중요시하는 성향을 자주 확인할 수 있다.

프리미어리그 구단들은 대부분 여러 아시아 국가들을 수차례 가보았기에 그들과 출장을 가면 대체로 철저히 미팅 스케줄을 위한 일정만 소화하며 기계처럼 움직이고는 한다. 하지만 발렌시아는 아시아까지 출장을 자주 다니는 클럽이 아니다 보니, 한국에 함께 왔을 때 경복궁만 데려가도 아이처럼 좋아하는 모습이 귀여울 정도였다. 스페인 남부 지역 사람들은 참 착하고 순박한 구석이 있다. 이날 경복궁에 갔던 발렌시아 구단의 2명 중 1명은 나보다 하루 일찍 한국에 입국했는데, 경복궁 투어 중 나보다 경복궁을 더 잘 알고, 우리나라 역사를 읊어대는 모습에 깜짝 놀랐다. 알고 보니 사실은 어제 호텔에 짐 풀고 이미 오디오 안내까지 들으며 열심히 경복궁을 다 본 것이었다. 이 얘기를 하면 우리가 자기를 생각해 가지 말자고 할까봐 얘기 안 하고 있었다고 하더라. 이 또한 효율적이고 합리적인 출장 일정을 선호해 따로 움직이기도 하는 영국인들과는 다른 모습이었다.

한번은 발렌시아 경기에 배우 류준열 씨가 온 적이 있었는데, 이때의 반응도 스페인 사람들의 순박함을 잘 보여주었다. 이 초청은 라리가 사무국 주관으로 이뤄졌는데, 한국인 셀럽 중에 팬층이 넓고, 축구와 연관된 스토리가 있는 인물 중 선정되어온 것이다. 그런데 류준열 씨 전에 초청했던 인물이 가수 싸이였기에 라리가 측과 발렌시아는 모두 이번에도 에너지 넘치는 엔터테이너가 올 것이라 예상했던 것 같다. 나는 잠깐 류준열 씨와 인사를 나눴을 때 순수하고 진솔한 모습에 좋은 인상을 받았는데, 한국말로 대화를 해보지 못한 라리가와 발렌시아 측 사람들은 성격이 조용조용한 류준열 씨를 보고서 "무섭게 생겼고, 당최 말을 안 한다"며 무서워했다. 다가가지 못하고 지켜만 보는 그 모습이 너무 웃겼다. 만약 프리미어리그 팀이라면 아마 홍보 담당자가 "조금 큰 동작으로 표현 가능하실까요? 더 활발한 움직임으로 이동 부탁드릴게요" 등 직접 요청을 했을 거고, 심하면 영국인들 성격상 초청 상대를 선정한 부서에 자기가 담고자 했던 에너지를 가진 셀럽이 아니지 않냐며 문제 삼았을지도 모른다. 하지만 스페인 사람들은 류준열 씨와 한 발자국 떨어져 다니며 수군수군대기만 할 뿐 어쩌지 못했다. 그 모습에서 나는 영국과 스페인의 문화적 차이가 프리미어리그와 라리가에서 이런 세세한 부분의 차이도 가져오는구나, 하고 느꼈다.

어차피 우승은
파리 생제르맹

리그 자체의 수준은 클럽의 발전에 어떤 영향을 끼치고, 에이전트의 협상과는 어떤 관계가 있을까? 나는 파리 생제르맹과 일하며 리그의 수준이 클럽의 발전에, 그리고 궁극적으로 에이전트 일에도 얼마나 중요한지를 다시 느꼈다.

파리 생제르맹은 리그앙(프랑스의 1부리그)에서 경쟁자도 없는 독보적 1인자로 군림한 지 몇 년이나 되었는데, 이는 파리 생제르맹 수준의 팀을 리그앙이 둘 이상 보유하지 못했다는 얘기다. 리그 우승을 너무 일찌감치 결정짓곤 하기에 그럴 때면 나는 파리 생제르맹 관계자에게 "축구 시시하지?Football is too easy, huh?"라고 메시지를 보내 농담을 주고받고는 했다. 영국의 프리미어리그가 지금처럼 발전할 수 있었던 것은 상위 4위까지의 경쟁이 전쟁이기 때문이고, 스페인의 라리가가 이 정도 발전한 것도 엘클라시코라는 세계 최고의 라이벌 대결에 힘입은 것이었기에, 경쟁자가 없는 리그에서 실력의 한계에 도전하지 못하는 파리 생제르맹의 처지는 안타깝다. 이는 구단의 상업 가치와도 연결되기에 에이전트가 성과를 내는 데도 영향을 미친다. 나 역시 파리 생제르맹을 위해 다수의 협상을 진행했었지만 그때마다 "네, 파리 생제르맹의 야망과 제시할 수 있는 비전은 다 알겠고요, 그런데 팀이 리그앙에 속해 있단 건 어떻게 설득할 겁니까?" 하는 벽에 부딪치곤 했다. 그만큼 리그 내 구단들의 불균형한 발전은 리그를 독식하고 있는 팀에게조차 독이다.

여담이지만 파리 생제르맹의 홈구장은 가장 아름다우면서, 동시에 가장 보안이 철저한 구장이라고 생각한다. 보통 유럽의 수도에는 2개 이상의 축구 팀이 있는데, 파리 생제르맹은 애초에 파리를 연고로 하던 두 팀인 파리팀과 생제르맹팀을 합병해 만든 클럽으로, 파리에 있는 유일한 프랑스 1부리그 팀이기에 축구장이 도시의 상징이기도 해

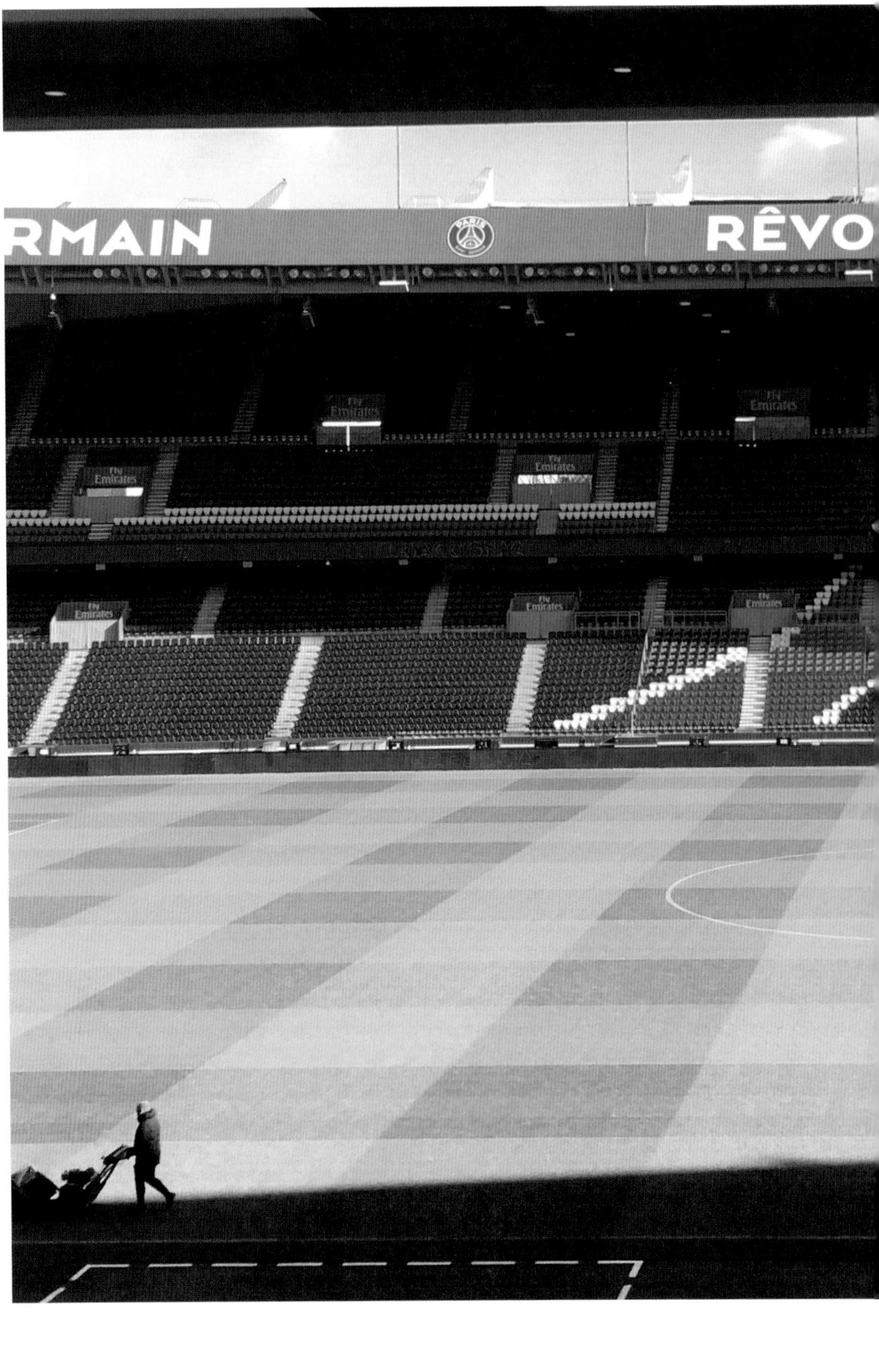
RMAIN
PARIS
RÊVO
Fly Emirates

파리 생제르맹 구장은 유럽에서 가장 아름다운 구장의 하나가 아닐까 싶다

▲ 파리 생제르맹 구단 사무실의 디자인은 세련되고 아름답다.
▼ 파리 생제르맹 구단 사무실에 전시된 우승 트로피.

서 테러 위협이 유독 집중되고 있다.

파리 생제르맹과 일하면서 구단의 보안관리실에 방문한 적이 있는데, 007시리즈를 연상시키는 최첨단 장비를 갖춘 보안관리실의 규모에 깜짝 놀랐다. 수십 개의 화면을 통해 구장 구석구석을 감시할 수 있는 CCTV가 있었고, 놀랍게도 이 CCTV는 파리 경찰과 공조로 그날 경기에 왔던 1인을 화면 속에서 골라내면 그 사람이 구장에서 집까지 가는 길을 라이브로 추적 가능한 시스템을 갖추고 있다고 한다.

파리 생제르맹 구장은 보안뿐 아니라 디자인적으로도 유럽 내에서 가장 뛰어난 것 같다. 전면 나는 모든 빅클럽의 구장을 다 가봤지만, 단연 파리 생제르맹 구장이 으뜸이었다. 다른 구장에선 찾아볼 수 없는 인상적인 공간이 많다. 특히 구장 꼭대기에 위치한 스카이바는 연인의 도시답게 데이트용으로 지은 티가 났다. 음악과 샴페인을 마시며 축구를 즐길 수 있도록 디자인해, 축구를 별로 안 좋아하는 여자친구라 해도 로맨틱한 분위기에 빠져들 만한 우아한 바였다.

스카이바를 안내하던 구장 엔지니어는 갑자기 나에게 물었다. "마담, 좋아하는 곡이 어떻게 되나요?" 내가 노래 제목을 알려주자, 엔지니어는 그 음악을 틀더니 스카이바에서 관중석으로 선율을 따라 움직이는 화려한 조명쇼를 보여주는 것이 아닌가? 초면에 프로포즈를 하려는 건가 살짝 당황했는데, 알고 보니 스카이바와 음향실을 연결하는 구장의 기술을 시연한 것이었다. 이런 기술을 구장에 넣을 생각을 했다는 것도 프랑스인들의 문화를 보는 시각을 반영한다고 생각한다.

이런 문화적 영향인지 프랑스 유명 건축가와 디자이너들이 합류해 완성한 파리 생제르맹 VIP라운지들은 축구장이라기보다는 미술관에 온 느낌을 준다. 어떤 다른 빅클럽 VIP라운지를 가봐도 파리 생제르맹의 VIP라운지만큼 예술적 즐거움을 주는 곳은 없었다.

사실 구장보다 파리 생제르맹 사무실의 디자인이 더 감흥이 컸는데, 사무실 내부에 그런 디자인을 전혀 기대하지 않았기 때문이었을 것이다. 축구 클럽의 사무실은 보통 유니폼이나 머천다이즈 우승컵 등으로 장식하고, 클럽 역사를 벽에 쓴 정도의 인테리어인데, 파리 생제르맹은 사무실마저 아트 갤러리에 온 느낌을 줄 정도로 예쁘게 디자인되어 있다. 트로피를 전시하는 벽마저 남달랐다. 문화의 수도라고 자부하는 파리의 팀다웠다. 그들이 언젠가는 축구의 세계에서도 중심이 될 수도 있기를 바라본다.

포체티노에겐
슬픈 별명이 있어

구단의 성적은 당연히 에이전트의 업무에서 가장 중요한 요소다. 역대 성적과 지난 시즌 성적처럼, 이미 종료된 것도 중요하지만, 협상은 시즌 중에도 계속되기에 시즌 중 구단의 경기력도 마찬가지로 중요하다. 진행 중인 협상에서는 중요한 길목에서 그 구단이 경기를 계속 이기는지 지는지가 가져오는 결과물에 큰 영향을 끼치기에 에이전트들은 구단이 리그에서 현재 몇 위인지, 챔피언스리그에서 어떤 성과를 거두었는지에 촉각을 기울인다. 성적지상주의라는 점에서는 구단, 팬, 감독 그리고 에이전트도 모두 동일한 입장이다.

특히 시즌 중 경질되기도 하는 감독에게 성적은 중요한 문제이기에 감독들은 대체로 매 경기 승리하기 위해 수단과 방법을 가리지 않는다. 허나 조금 의외의 지도력을 보여준 감독도 있었다. 바로 포체티노 감독이다. 포체티노 감독은 수단과 방법을 가리지 않을 사람이라기보다는 순수하고 정직한 사람이라는 느낌을 받았다. 두번째 만나는 사람에게는 꼬박꼬박 "만나서 반가워요" 대신 "다시 만나서 반가워요"라고 말해 '널 기억하고 있음'을 알려주는, 섬세한 배려심과 다정함이 있는 사람이다.

이렇게 좋은 사람인데, 문제는 이놈의 국내 축구 기사에 달린 댓글들 중 하나에서 본 '뚱체티노'라는 단어가 자꾸 내 머리에서 웃음 치트키가 돼버린 것이다. 하필 그 댓글을 본 날 포체티노가 내 앞에서 계단을 올라갈 때 씰룩대는 그의 엉덩이가 나를 향하는 불상사가 벌어졌다. 머릿속에 '뚱체티노' 단어가 떠올라 혼자 웃음이 터진 나는 포체티노 감독이 얘기하는 중에 쓸데없이 히죽거렸고, 포체티노 얼굴을 보면 자꾸 웃음이 터지려고 해 머릿속으로 최대한 슬픈 생각을 하려고 노력했다. 그런데 일이 끝나자 갑자기 포체티노가 사인을 해주거나 사진을 같이 찍어주겠다고 먼저 제안하는 것이 아닌가. 내가 눈이 마주칠 때마다 웃음이 터질까 봐 눈을 피했더니 아무래도 내가 자기 팬이라서 수줍어한다고 오해를 한 것 같다.

보통 에이전트들은 프로 자세를 유지하기 위해 유명 선수나 감독을 만났을 때도 사진이나 사인 요청을 하지 않는다. 그래서 나도 "괜찮아요"라고 거절했는데도. 포체티노는 "컴온, 카탈리나!!"라며 나를 끌어당겨 사진을 찍고야 말았다. 수줍어 말도 못하는 팬을 알아서 먼저 챙겨주는 마음을 가진 이런 착한 사람을 머릿속에서 '뚱체티노'라며 깔깔거리고 놀려댔다니 내심 미안해졌다. 포체티노는 이렇게 상대방의 거절하는 심리까지도 추측해서 더 배려해주려는 사람이었다.

그렇지만 포체티노 감독은 축구를 대하는 태도에서는 분명한 주관이 있고, 강단 있는 모습을 보여주었다. 토트넘은 2017/18 시즌 홈구장을 증축하게 되면서 웸블리를 홈구장으로 잠시 대신 사용한 적이 있다. 그런데 시즌을 1/3 정도 지난 시점 토트넘의 홈경기(웸블리) 성적은 그다지 좋지 않았다. 홈구장의 이점은 홈팬의 응원 아니었던가? 웸블리였어도 여전히 홈팬으로 채워진 구장이었을 텐데, 왜 성적이 다를까? 밖에서 보기엔 이해하기 힘들지 몰라도 그리 간단한 문제가 아니다.

웸블리는 영국 축구의 성지다. 주로 국가대항전이나 각종 대회 결승전 장소로 쓰이는 웸블리는 바꿔 말하면 국대에 뽑히지 못하거나 결승전에 오르지 못하면 축구선수가 평생 밟아보기 힘든 구장인 것이다. 그래서 영국 축구 자료에서 우승컵을 들어 올리는 장면, 영국 축구사의 중요한 장면들의 배경인 구장이기도 하다. 특히 2부리그 이하에서 뛰는 선수들로서는 국대 멤버가 되지도 못하고, 컵대회 결승에 오르지 못하는 게 태반이니 평생 밟아보지 못 할 웸블리인 것. 하지만 토트넘이 웸블리를 홈구장으로 쓰면서 토트넘을 상대할 때 뛸 기회가 생겼다. 그래서 이 상대팀 선수들의 각오는 대단했다. 자신이 웸블리에서 뛰는 모습, 골 넣는 모습, 이기는 모습을 남겨 대대손손 물려주면 얼마나 영광스러울까 하는 생각에 일개 리그컵 조별 예선전을 결승전처럼 뛰었다. 이를 매번 상대해야 하는 토트넘은 고역이었다.

이에 토트넘 구단주는 포체티노에게 상징성이 덜한 다른 장소로 변경하는 게 어떻겠냐고 물은 적이 있는데 포체티노는 다음과 같이 답했다. "우리 선수들은 아직 어리고 앞으로 선수들의 미래를 위해서라도 상대의 패기에 눌리지 않고 자기 경기를 하는 법을 배워야 합니다. 웸블리가 우리한테 불리한 조건이라 해도 안고 가겠습니다."

포체티노가 무리뉴와 다른 점이 이것 아닌가 싶다. 무리뉴는 경기에 이길 수만 있다면 5살짜리 아이 장난감도 아무 죄책감 없이 뺏어올 사람이나 포체티노는 너무나도 정직하고 점잖은 사람이다. 치사해 보일지라도 수단과 방법을 가리지 않는 것이 결국 승리를 가져오기도 한다. 나는 저 포체티노의 심지가 존경스러우면서도 솔직한 심정으로는 아쉽기도 했다. 그가 정직한 성격으로 손해를 보고 있다고 생각했다. 진행 중인 협상 때문에 당장의 성적이 더 중요했던 나는 조급한 심정이었다. 하지만 포체티노 감독은 자기가 이끄는 선수들에게 축구선수로서의 중요한 덕목을 가르치고자 하는 자기 소신을 지키면서도 팀 성적을 계속 성장시켜왔고, 결국 2018-19시즌에 토트넘을 구단 사상 최초로 챔피언스리그 결승에 올려놓았다.

이 과정을 모두 지켜봐서인지 챔피언스리그 준결승전에서 결승 진출을 확정 지은 후 포체티노 감독이 우는 모습을 보니 마음이 짠했다. 많은 비난도 듣고 고생을 다하면서도 소신 고집하더니 그래도 커리어에 챔스 결승을 가보는구나 싶었다. 물론 그가 우승컵을 들지는 못할 것이라고 예감은 했다. 하지만 챔스 결승 무대를 밟아보는 감독이 몇이나 되겠나. 그 무대를 지휘한다는 것 자체가 감독 커리어에 두

▲ 포체티노 감독은 선수들의 성장을 위해 웸블리를 홈 구장으로 쓰는 불리함을 감수할 정도로 낭만적이고 소신 있는 감독이다.

▼ 포체티노 감독과 나

번 다시 올지 모를 영광이 아닌가. 정직함과 소신을 가진 감독이 그런 영광을 누리는 모습을 보는 것은 이 업계에서 자주 있는 일이 아니기에 나는 포체티노 감독을 위해 진심으로 기뻐했다.

구단의 성적은
모두가 함께 만든다

　　　　　구단의 성적은 감독과 선수만이 아닌 클럽 하우스 전체가 만들어가는 것이며, 개개인이 만드는 작은 차이가 그 성적을 쌓아올리게 된다. 그 좋은 예가 19-20시즌 토트넘과 올림피아코스의 챔스 경기에서 골에 기여한 칼럼 하인스라는 볼보이다. 토트넘이 1-2로 뒤지고 있던 후반 4분, 토트넘이 역습을 전개하다 볼이 터치라인 밖으로 나가 흐름이 끊기는 듯했다. 하지만 이 볼보이가 재빠르게 서지 오리에게 볼을 전달했고, 바로 역습 플레이를 이어간 토트넘은 동점골을 성공시켰다. 칼럼이 볼을 건네준 지 단 7초 만의 일이다. 이 동점골로 분위기 전환에 성공한 토트넘은 2골을 더 몰아치며 4-2 역전승을 이뤄냈다. 칼럼은 빠른 판단으로 공격 흐름이 끊기지 않게 재빨리 공을 전달해 라인아웃이 됐을 때 당연히 경기가 멈췄다 갈 줄 알았던 올림피아코스 수비진을 흔들었다. 내가 진행 중이던 협상도 이 경기 승리로 탄력을 받을 수 있었기에 짜릿한 기억으로 남아 있다.

　사실상 경기를 뒤집은 이 소년은 토트넘의 홈경기마다 일하는 고

승리에 공헌한 볼보이와 악수하는 무리뉴 감독

정 볼보이로, 영국 중등학교에 재학 중인 당시 14살이었던 학생이다. 글로벌 코치 프로그램을 이수한 학생 중 토트넘이 선발한 학생이며 구단에선 볼보이 특화 훈련을 받았다. "그는 경기와 함께 숨 쉬었고 경기를 잘 읽었다"는 무리뉴의 말처럼 칼럼은 다른 아이들처럼 딴청을 피우지 않고 경기에 집중해 흐름을 읽고 있었던 것. 난 이런 사람들이 정말 좋다. 무슨 일이든 자기가 맡은 일 이상의 큰 흐름을 읽고, 언제든 거기에 기여할 준비가 된 사람들. 크게 될 작은 사람들.

이처럼 축구는 감독과 선수만이 하는 것이 아니다. 축구구단이란 수많은 구단 직원들과 관계자들, 눈에 띄지 않는 여러 작은 사람들이 모여 승리와 우승이라는 결과물을 위해 같이 뛰는 하나의 큰 공동체이다. 그리고 각자의 전문적 기여도를 보장하여 최고의 결과물을 만들기 위해 유럽 각 구단은 전 세계 최고의 각 분야 전문가를 스카우트한다. 한국과 다르게 유럽 구단 조직에서는 각자가 맡은 업무에 대한 지켜야 하는 선이 있고, 각자의 업무에 대한 존중이 있다. 따라서 아무리 구단의 고위층 인사라 해도 한 번 일을 맡긴 이상 남의 전문 분야에 함부로 의견을 내거나 명령하지 못한다.

예를 들어 잔디 관리자는 구단이 너무나도 중요하게 생각하는 전문직 중 하나인데, 홈구장에서 승률이 유난히 높고 원정만 가면 맥을 못 추는 구단은 아주 탁월한 잔디관리자를 보유하고 있는 팀일 가능성이 높다. 홈경기의 중요한 이점 중 하나가 경기를 할 때의 잔디 상태를 홈팀 전술에 유리하게 만들 수 있다는 것이다. 잔디관리자는 코칭스태프와도 긴밀히 협의해 그날 전술에 따라 몇 시에 잔디에 물을 뿌리고, 얼만큼의 길이로 잔디를 깎아둘지 계획한다. 잔디 상태에 따라서 공이 얼마나 마찰을 받고 스핀을 먹는지 등이 달라져, 경기 스피드를 조율하는 데 큰 영향을 주기 때문이다. 잔디관리자는 우리 팀의 공격 패턴과 상대 팀의 스타일에 따라 잔디를 관리하게 된다. 예를 들어 우리 팀이 빠른 템포에 장점이 있고, 상대 팀은 느린 템포로 경기를 운영한다고 하면, 공이 빠르게 잘 구르도록 잔디 상태를 조정하는 게 유리하다는 식이다.

잔디관리자의 실력이 구단에 얼마나 중요하냐면 몇 년 전 한 구단이 옆 구단의 잔디관리자를 시즌 중 몰래 스카우트하려다가 법적 분쟁이 벌어질 뻔할 정도다.

언젠가 한 구단 CEO와 그 구장 그라운드에 잠깐 내려가 얘기를 나누는데, 잔디를 세심하게 만지며 돌아다니고 있는 사람을 보더니 그를 가리켜 "내가 감독 선정 직후 제일 먼저 스카우트한 직책. 우리 구단 최고 보물"이라고 말했다. "나도 저 사람 허락 없이는 그라운드에 함부로 못 들어가는, 서열상 내 위에 있는 사람"이라고 농담할 정도로, 잔디관리자는 구단에서 대단한 전문가로 인정받는다. 그리고 그 전문가들의 실력차가 하나하나 모여 결국 경기력의 차이를 만들기에 각자의 업무는 이렇듯 존중받는다.

에이전트도 마찬가지다. 구단 비즈니스는 전 세계 200여개국에 퍼져 있고, 협상 건만 해도 연간 수백 건이다. 각 협상의 전문가를 섭외하여 대리시킨 것이 결국 에이전트 산업으로 발전한 것이고, 구단은 해당 협상을 맡긴 이상 그 에이전트의 고유 업무를 존중하며 협상 결과를 기다리며 지지해준다. 에이전트의 일이란 결국은 구단의 일이며, 에이전트의 활약이 구단의 이익으로 돌아오기 때문이다. 보통은 이런 룰이 대체적으로는 지켜지지만, 내가 처음 업계에 발을 들였을 때부터 줄곧 그랬던 건 아니다.

내가 이 업계에 들어온 지 얼마 되지 않았을 때, 모 빅클럽의 협상을 진행하던 중 오퍼 금액에 관해 내부 논쟁을 벌이게 되었다. 해당 구단의 직원은 나에게 만나서 얘기를 하자고 하더니 이렇게 말했다.

"카탈리나, 내가 이 업계에서 일한 게 20년이오. 그러니 내 의견을 따라야 할 거요."

엄연히 이 협상의 대리권은 나에게 있는데 나와 다른 의견이 있다면 자기 논리를 만들어 설득해야지, 경력으로 누르려고 하는 태도가 맘에 들지 않아 나는 이렇게 말했다.

"구단이 이 협상은 외부 전문가가 맡는 게 낫다고 생각해서 나를 에이전트로 선정한 거 아닌가요? 그러니 그쪽이 제 의견을 따라야 할 거예요."

상대의 숨이 가빠지기 시작했다. 그 직원은 결국 탁자를 주먹으로 내리치면서 불같이 화를 냈고, 결국 해당 문제는 수뇌부로 올라가 최종 판단을 구하게 되었다. 결론은 어떻게 나왔을까?

구단 수뇌부는 내 의견을 수용해 오퍼 금액을 확정했고, 그 결정은 옳았다. 협상 상대가 타 구단의 경쟁 오퍼를 물리치고 내 오퍼를 받아들였기 때문이다. 그리고 그 경쟁 오퍼 중에는 구단 직원이 고집했던 금액도 있었다.

원클럽맨이 쏘아올린 아틀레티코 새 구장

하지만 에이전트는 어찌됐건 외부인일 뿐이다. 게다가 에이전트는 모든 구단과 일을 하기에 한 구단에 충성하지 못한다. 구단에는 우리 구단에만 자식을 대하듯 애정을 갖고 헌신할 직원이 필요하기 마련이다.

아틀레티코 마드리드의 새 스타디움 건설 프로젝트를 맡았던 책임자는 아틀레티코에서만 평생 일한 사람으로, 나이가 꽤 있어 몇 년 뒤 은퇴를 앞두고 있었다. 아틀레티코와의 미팅을 위해 마드리드 공항에 내린 나를 직접 데리러 온 그는 당연히 사무실로 갈 거라는 내 예상과 달리 갑자기 아직 건축 중인 새 구장 부지에 나를 데려가더니 다짜고짜 안전모를 씌웠다. 미팅부터 하자는 얘기를 할 틈도 없이 시작된 새 구장에 대한 브리핑부터, 건설 현장 곳곳을 데리고 다니며 마치 내 집 마련한 사람처럼 뿌듯하고 기쁜 마음을 감추지 못했다.

구단 에이전트 일을 하다 보면 구단의 새 집 구경을 먼저 하는 기회가 종종 생긴다. 구단이 새 트레이닝센터나 스타디움을 증축할 때처럼 말이다. 대개 구단 관계자들은 새 선수를 영입했을 때, 새 감독이 왔을 때 그리고 새 건물을 지을 때 얼굴에 감출 수 없는 돌긴 하지만 이 사람의 감격은 남달랐다. 얘기를 들어보니 새 구장 증축을 위해 내부에서 자기가 건의하고 승인 직전에 무산되고 하는 과정을 수없이 겪으며 10년 만에 드디어 새 구장 증축을 이뤘으니 자기는 이제 은퇴해도 커리어에 여한이 없다고 하더라.

당시에는 사실 미팅 아젠다가 더 급했기에 아직 새 구장 실사를 할 단계가 아닌데 시간을 잘못 쓰고 있다는 생각이 들었다. 허나 다음해에 아틀레티코 새 구장이 오픈한 이후 경기에 초청받아 방문했을 때 그때는 돌만 잔뜩 쌓여 있고 뼈대밖에 없던 그 공사판이 이런 세련된 건물로 완성됐다는 사실에 나도 새삼 뿌듯한 마음이 들었다. 그리고 나는 신이 나서 다른 사람들에게 VIP 라운지를 보여주고 있는 그 사람을 발견했다. 얼마나 신났겠는가. 하루 한 시간 잠깐 본 나도 감회가 새로운데.

요즘 유럽 구단 직원들은 이직이 잦다. 스페인, 독일, 이탈리아 구단들에는 평생 자기 고향 클럽에서 일하는 원클럽 맨들이 아직 꽤 있지만, 프리미어리그는 특히 이직이 매우 잦다. 내가 아는 어느 구단 직원은 내가 본 것만 벌써 4번째 팀을 옮겼다.

허나 구단은 결국 지역 사회와 함께하는 경우가 대부분이고, 이 사람처럼 '우리 구단의 번영이 내 인생의 바람'이라는 사람들을 더 이상

공사 중일 때 봤던 아틀레티코의 새 구장은 멋진 모습으로 완성되었다. 이 구장을 방문할 때마다 나에게 구장을 자랑스레 소개하던 그 구단 직원이 떠오른다.

잃지 말아야 할 것이다. 새 구장 건축 같은 장기 프로젝트는 끈기 있는 누군가가 오래 염원하고 노력해야 결실을 맺는 경우가 많기 때문이다.

빨간 하이힐을 신을까, 파란 하이힐을 신을까

이렇게 다양하게 에이전트의 일과 동기 및 결과물에 영향을 주는 유럽의 구단들은 각각 다채로운 특색을 지니고 있기에 그들과 좋은 관계를 유지하며 각 구단에 맞는 거래를 찾아 성사시켜주는 것이 에이전트의 역할이다. 구단 간에 껄끄러워할 수 있는 문제를 알아서 조심해주고, 조율해주는 것도 나의 일이다. 그래서 나는 차 트렁크에 항상 빨간색 힐과 파란색 힐, 이렇게 구두 2켤레를 가지고 다닌다. 확실히 파란색을 상징색으로 쓰는 팀들은 빨간색이 자기네 클럽 시설에 들어오는 것 자체에 예민하고, 빨간색 팀들은 파란색이 들어오는 것을 공격 신호로 느낀다.

같이 일하는 2개 팀이 붙는 경기에서 조인트 라운지에 초청을 받으면 아주 애매한데, 주황·분홍도 빨강 계열이고 하늘·보라도 파랑 계열로 여겨지니 이리저리 피하다 보면 장례식도 아닌데 결국 검은색 드레스를 입고 가게 된다.

그 외에도 라이벌 구단에 관한 하소연이나 질투도 들어줘야 하는 경우도 있는데, 때론 이를 협상에 활용하기도 한다. 예를 들어 나는

빨간색이 상징색인 팀을 방문할 때는 빨간 하이힐을, 파란색이 상징색인 팀을 방문할 때는 파란 하이힐을 신는다

모 구단이 원하는 조건을 들어주지 않으면 통화할 때 어디냐는 질문에 일부러 라이벌 구단이 위치한 도시에 가는 길이라고 대답해 긴장시키기도 했다. 에이전트도 구단에 배신당할 수 있고, 구단도 에이전트에 배신당하기도 하나 어찌됐건 구단은 에이전트 없이는 수입을 올리지 못하고, 에이전트도 구단 없이는 계약이 생기지 않는 게 이 업계의 구조이기 때문에 우리는 상생 관계에 있다. 하지만 각 구단 관계자는 자기 구단 내부 정보밖에 갖고 있지 않지만, 모든 클럽과 일하는 에이전트는 유럽 5개 주요 리그 98개 구단의 내부 정보를 모두 갖고

있게 된다. 이를 아는 구단들은 특히 빅클럽과 일하는 톱 에이전트를 자기네 에이전트로 들여 정보를 얻고, 최대한 높은 수익을 끌어내기 위해 다양한 지원을 한다. 이에 대해서는 8장에서 자세히 살펴볼 것이다.

제
3
장

쩐의 전쟁
– 우리는
현실에서
FM*을 한다.

*축구팀을 운영하는 가상 시뮬레이션 게임으로 정식
이름은 풋볼 매니저이다.

> 챔피언스리그 결승전을 앞두고 라리가 수뇌부 중
> 한 명이 나에게 말했다. "카탈리나, 챔피언스리그란
> 유럽 팀들과 좀 놀아주다 스페인 팀이 결국 우승하는 토
> 너먼트거든. 그러니까 이번에도 결승전은
> 레알마드리드가 이길거야."

별들의 전쟁, 챔피언스리그 결승전
에이전트에게는 한 시즌을 마감하는 날이자,
같이 일하는 두 구단이 유럽 축구계에서 느낄 수 있는 최고 수준의
환희와 슬픔을 함께하는 날

사우디아라비아는 왜
뉴캐슬 인수에 실패했나

　　　　　　　지금 업계는 두 나라 이상에서 전문성을 가지고 활동하는 에이전트들의 몸값이 점점 높아지는 추세다. 계약의 규모가 클수록 단순히 상업적 이해관계를 맞춘다고 되는 게 아니라, 해당 국가의 경제·정치 노선에 따라 성패가 좌우되는 경우도 많기 때문이다.

　예를 들어 최근 사우디아라비아 자본의 뉴캐슬 유나이티드 FC 인수 합병 시도가 결렬된 사례를 보자. 2020년 사우디아라비아는 공공투자펀드PIF와 PCP 캐피탈 파트너, 루벤 브라더스 등 합작 컨소시엄을 통해 프리미어리그의 뉴캐슬 구단을 인수하려 했으나 결국 실패했다. 프리미어리그의 '소유자 테스트Owners and Directors'라는 것을 통과하지 못해서인데, 이를 두고 업계에서는 영국 정부·리그 차원에서 사우디아라비아 자본의 영국 축구 구단 인수를 막았다고 해석했다.

이는 사우디아라비아가 유럽에서 어떤 국가 이미지를 가지고 있는지와 관계가 있다. 유럽에서 사우디아라비아는 부정부패와 여러 반인권적 불법 행위로 악명이 높으며, 안전과 인권을 위협하는 불량 국가로 인식되고 있다. 실제로 영국의 모 정치인은 사우디아라비아와의 유착 관계에 대한 의심으로 선거에 떨어지기도 했고, 영국 기업들도 사우디아라비아 정부나 기업과 공식 파트너십을 맺는 경우가 드물다.

이 인수를 승인하게 되면 프리미어리그의 투명성이 의심받을 것이 분명했고, 사우디아라비아에서 자행되는 반인권 행위에 눈을 감는 행위로 여겨질 것이라며 인수에 대한 영국 내 여론은 굉장히 좋지 않았다. 만약 사우디 측이 영국 여론을 잘 알고 더 객관적으로 직언할 수 있는 에이전트에 협상을 맡겼더라면, 이 인수 시도는 강행되지 않았을 것이다. 결국 막강한 자본력에도 불구하고 이 컨소시엄의 뉴캐슬 인수는 실패로 마무리되었다. 이 사건은 끝없이 상업 이익만을 추구할 것만 같은 축구계에서도 자정 능력이 있음을 확인해주었다는 면에서 긍정적으로 평가한다.

한편 이 사건이 한국에 주는 시사점이 있다. 한국은 특히 최근 10년 동안 유럽 내에서 국가 지위가 상당히 격상되었고, 무엇보다 중국 및 아프리카, 중동 국가들에 비해 민주적인 정치제도와 깨끗한 자본을 지닌 국가로 인식되고 있다. 이 점에서 한국은 유럽 구단 인수를 승인받을 수 있는 소수 국가 중 하나라는 점이 확인되었다고 본다. 즉 자본력을 갖춘 국내 기업이 유럽 구단 인수를 시도할 경우, 확실한 에이전트를 통해 진행한다면 성공할 가능성이 높다. 한국 자본이 유럽

AC밀란 사무실

구단을 소유하게 될 날이 머지않아 오리라고 기대해본다.

　인수 합병 논의를 진행하는 에이전트는 인수자에 관해서 면밀한 조사도 수행해야 한다. 잘못된 인수 합병이 이뤄졌을 때는 구단과 팬, 지역사회에 이르기까지 막대한 피해를 입기 때문이다. 최근의 대표적 사례가 AC밀란이다. AC밀란은 2016년 중국인 오너에게 인수되었는데, 알고 보니 자산 증빙 과정에서 거짓이 있었다. 부동산 재벌인 줄 알았던 그는 재벌은커녕 빚에 쫓기는 인물이었다. 그 중국 오너의 채권자 중 하나가 한국에서 삼성을 상대로 소송한 것으로 유명한 엘리엇이라는 사모펀드였는데, 결국 채권 집행 과정에서 AC밀란 소유권이 엘리엇에 넘어가게 되었다. 이는 구단에 정말 뼈아픈 일이었다. 현 시점에서 유럽 축구구단은 비즈니스로서의 가치보다는 구단을 갖는 것이 어린 시절부터 꿈이었던 부호들에게 '꿈을 이뤄드립니다'가 되어야 애정과 더불어 공격적인 투자를 받을 수 있다. 그러나 사모펀드인 엘리엇의 인수는 그런 사례가 아니었다. 유럽에 와서 유학생일 때 본 첫 직관도 AC밀란 홈경기였고, 그때 처음 가본 산시로 구장의 감격이 아직도 생생한 나로서는 이를 지켜보는 것이 고통스러웠다. AC밀란 구단 인수 작업에서 에이전트의 미스는 너무 뼈아팠다.

여담으로 에이전트들은 AC밀란과의 미팅을 좋아하는데, 이는 AC밀란의 구내식당 때문이다. 한국의 구내식당계에 YG엔터테이먼트가 있다면 유럽 구내식당계에는 AC밀란이 있다. AC밀란 본사인 까사밀란 1층에 있는 레스토랑은 AC밀란과의 미팅을 오전 11시 반으로 잡고 싶어지게 만드는 맛이다(그래야 자연스럽게 점심 먹으며 마저 얘기하자고 하니까). 유럽에 처음 갔을 때 이탈리아 밀라노에 산 적이 있던 나는 영국으로 이주한 뒤 음식 때문에 고생을 많이 했다. 이탈리아는 유럽 내에서 음식이 제일 맛있는 국가이고, 영국은 음식이 제일 맛없는 국가이기에 둘 사이의 갭에 적응하기가 매우 어려웠다. 영국의 이탈리아 음식점이라는 곳들도 영국인들 입맛에 맞춰 하향평준화되었기에 제대로 된 이탈리아 음식은 이탈리아에 직접 가야 맛볼 수 있는데, 그래서 AC밀란 미팅은 항상 신이 난다. 해외 출장에서는 자고로 일 다음으로 먹는 게 가장 중요하기에 AC밀란 본사는 미팅 장소로 인기가 높다.

부자들은 왜
축구 구단을 살까?

구단 인수 합병 논의를 진행하는 에이전트는 인수자가 어떠한 목적으로 구단을 인수하고자 하는지 니즈를 파악하는 게 무척 중요하다. 나도 구단 인수 합병 건으로 이 업계에 처음 입문했고, 여전히 이를 주 업무 중 하나로 수행하고 있어, 사람들은 자주 내게 부자들은 왜 축구 구단을 사는지 물어보고는 한다.

축구 구단을 인수하는 이유는 다양하다.

한국에서 스포츠 구단을 운영하는 가장 흔한 이유는 기업 홍보 목적이다. 이는 궁극적으로는 리그의 발전에 가장 도움이 안 되는 경우인데, 스스로 경제적 가치를 창출하는 하나의 부서가 아닌 모기업의 사회 공헌 프로그램과 비슷하게 운영되기에 자생성을 잃게 되기 쉽다. 이는 곧 리그 전체의 경쟁력을 약화시킨다.

유럽에서 구단을 인수하는 이유로는 먼저 투기 목적이 있다. 1부 리그보다는 하부 리그 구단을 사는 경우에 많은데, 싼 가격에 산 뒤 리모델링해 팔아 괜찮은 수익을 남길 수 있다. 부동산 투자 개념과 비

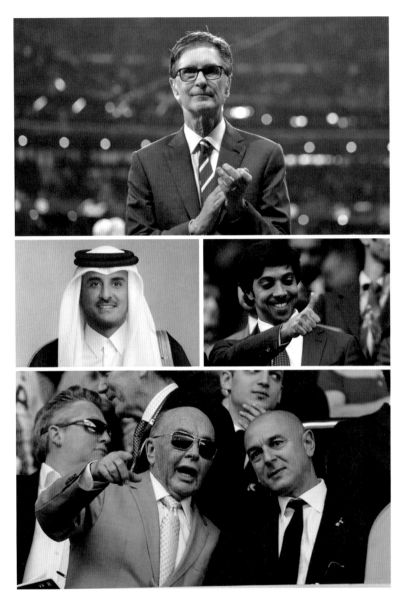

축구 구단을 인수한 부호들. 리버풀의 존 헨리(위),
파리 생제르맹의 타민 빈 하마드 알사니(가운데 왼쪽), 맨시티의 만수르(가운데 오른쪽),
토트넘의 조 루이스와 다니엘 레비(아래)

숫하게 이해하면 될 듯하다. 문제점 또한 부동산 투기에서 발생하는 문제와 유사하다. 장기적으로 소유하고 건전한 방식으로 지속적으로 가치를 창출할 투자자가 보유하지 않고서, 단기 투자로 수익만 내려는 투자자들이 헐값에 사들여 밖으로 보이는 가치 요소만 손본 뒤 되팔기를 반복하는 것이다. 주인이 계속 바뀌면서 구단은 내실이 점점 부실해지는 과정을 반복하며 너덜너덜해진다.

하지만 유럽 1부리그의 구단 인수는 보다 복합적인 이유를 지니는데, 다음에 나열할 3가지가 1부 리그 구단을 인수한 구단주들의 주된 이유이다. 해당 이유들은 중복적으로 적용되기도 한다.

첫째, 어린 시절 꿈을 실현하기 위해.

맨시티의 만수르 씨가 대표적인데, 어린 시절부터 유럽 축구를 동경하며 '내가 커서 큰돈을 쓸 수 있게 되면 유럽에 구단을 사서 구단주가 되겠다'라는 꿈을 가진 사람들이 이를 실현하는 경우이다. '축덕'의 꿈과 로망을 이루는 것이다. 이런 이들이 구단주가 되면, 구단을 상당히 안정적으로 운영하는 경우가 많고, 큰 투자를 하기도 한다.

어느 구단주는 자신의 다른 사업이 모두 휘청거리는 재정 위기 속에서도 구단만큼은 팔지 않겠다며 사업 포트폴리오에서 판매 불가로 제외시켜놓는 바람에 CFO(최고재무책임자)와 크게 다퉜다고 한다. 가장 부실한 자산인 구단부터 처리해서 유동성 자금을 확보해야 한다는 CFO의 조언에도 구단주는 끝까지 구단을 놓지 않았다고 하니, 어린 시절의 꿈을 이루기 위해 구단을 사들인 구단주는 이렇게 헌신적이다.

둘째, 구단 사업을 통한 이익 창출을 노리는 경우.

일반 회사처럼 비즈니스 목적으로 축구단을 운영하여 수익을 얻으려는 경우인데, 대체로 미국계 구단주들은 이런 구조를 추구한다. 사실 각 분야 전문가를 들여 잘 운영하면 구단이 이익을 창출할 수 있는 방법은 머천다이즈, 중계권, 초상권, 티켓 세일즈, 광고권, 스타디움 네이밍권, 친선전 등 수백 가지다. 이를 통해 실제로 매출을 올리고, 이 매출을 구단에 재투자하여 구단 가치를 높이는 투명한 운영을 하는 구단도 다수 존재한다. 에이전트가 대리할 가능성이 가장 높은 인수협상이 이에 해당한다.

셋째, 절세 또는 탈세를 목적으로 하는 경우.

다소 의외의 사실일 수도 있겠다. 구단 운영은 제조업이 아니기 때문에 무형적 가치와 관련된 수입과 지출이 다수 포함될 수밖에 없다. 선수들의 초상권, 구단의 지적재산권, 스폰서 수익 등은 과장이나 축소가 충분히 가능하기에 재벌들의 절세 및 탈세 창구로 유용하게 사용될 수 있다.

한국 기업가나 금융권 종사자들에게 자주 받는 질문 중 하나가 "유럽 구단들은 흑자를 내기는 하나요? 선수 사는 천문학적 비용을 보면 다 적자일 거 같은데"이다. 보통 에이전트들 사이에서는 "내가 구단에 1유로를 벌어다 주면 구단은 그중 50센트를 선수에 쓴다"라고 얘기한다. 유럽 축구 1부리그 구단들은 평균적으로 구단 예산의 50%를 선수에 쓰기 때문이다(그래서 성과가 낮은 에이전트나 구단 직원에겐 "니 성과로는 살찐 네이마르도 못사" 같은 농담을 하기도 한다). 그런데 절세 또는 탈세 목적으로 세운 구단들 중에는 선수에 구단 예산을 초과해 천문학적인 지출을 하는 구단들도 있다. 왜냐면 구단 재정이 흑자냐 적자냐가 중요한 게 아니라 오너의 세금을 얼마나 털어주느냐가 더 중요하기 때문이다. 선수 살 때는 '비용'으로 처리해서 털고, 팔 때 받는 돈은 챙기면 되기 때문에 오히려 돈을 더 쓰라고 부추기기까지 한다. 예를 들어 조세피난처에 구단을 하나 가지고 있으면 오너의 다른 비즈니스에서 발생한 사업 수익을 이 구단에 재투자하는 형식으로 옮기고, 선수를 사는 데 써버려 다시 비용 처리하면 자국에도, 구단이 위치한 나라에도 세금 한푼을 안 낸다.

한국 기업들은 브랜드 마케팅을 위해서 유니폼 스폰서를 한다고 아는 경우가 많다. 구단주가 가진 다른 사업의 브랜드를 유니폼 스폰서로 쓰면 자기네 브랜드니까 마케팅 차원에서 받고 있다고 생각하거나, 다른 브랜드가 더 큰 금액을 제시하더라도 구단주 눈치가 보여 받지 못하는 것이라고 오해를 하기도 한다. 허나 이도 마케팅 용도라기보다는 세금과 관련 있는 경우가 더 많다. 예를 들어 구단주와 구단 간에 해당 구단 유니폼의 스폰서십 비용을 500억이라 정하고, 구단주는 자기의 다른 브랜드 사업에서 발생한 500억 수익을 마케팅 비용으로 처리해 해당 국가에 그 수익에 대한 세금을 내지 않아도 되고, 구단은 그 을 받아 예산으로 확보해 선수를 사버리거나 해서 비용 처리해 결국 500억에 대한 세금은 어느 곳도 부담하지 않게 되니 윈-윈이다. 유니폼을 통한 브랜드 홍보는 덤이다.

이런 세금 절감 방법의 불법성 여부는 그 구단이 위치한 각 나라의 법에 따라 판단할 문제이니 이 책에서 가타부타 이야기할 일은 아니다. 다만 순전히 구단 입장에서만 생각해보면, 구단이 구단주에게 그만큼 절실한 존재가 된다는 뜻이기에 오랜 기간 한 구단주가 안정적으로 운영하리라 기대할 수 있기는 하다.

한국 기업들은 왜
유럽 구단 스폰서를 하나

기업들은 구단을 직접 인수하거나 일부 지분 투자를 하지 않고도 마케팅 권한만을 사서 그 구단의 자산을 이용해 광고를 하기도 한다. 부동산에 비유하자면 구단 인수는 매매, 지분투자는 전세, 스폰서십은 월세가 되겠다. 에이전트들은 이런 계획으로 구단의 스폰서십 패키지를 만들어 타깃 브랜드에 접근하고 협상을 통해 스폰서십을 성사시키는 역할도 한다.

삼성전자, 엘지전자, 현대자동차, 기아자동차, 쌍용자동차, 넥센타이어, 금호타이어, 한국타이어, SK, 넥슨 등 다수의 한국 기업은 지난 10~20여년 간 여러 유럽 구단들을 후원해왔다. 빅클럽들을 기준으로 그 후원 금액은 적게는 연간 10억 원 단위부터 많게는 100억 원 단위 이상의 규모에 달한다. 이 기업들은 어떠한 경영적 판단으로 해당 구단들을 후원해온 것일까?

물론 해외 브랜드가 특정 지역 소비자의 마음을 얻는 데 그 지역 구단을 후원하며 다양한 이벤트를 펼치는 게 도움이 된다. 하지만 대부분 기업들은 글로벌 마케팅 차원에서 브랜드 전략과 ATL 마케팅 ('Above The Line'의 약자로 라디오, 잡지, 신문, TV등 매스미디어를 활용한 마케팅) 예산의 효율적 집행을 위해 이런 결정을 한다.

예를 들어 영국 BT, BBC, SKY 등 방송국의 프라임 타임 초당 광고료와 빅클럽의 경기를 통해 노출되는 시간을 비교해볼 때, 빅클럽에 주는 스폰서십 비용은 방송국에다 광고를 송출하는 비용에 비해 오히려 경제적이다. 게다가 그 리그가 영국뿐 아니라 전세계적으로 중계된다면 각 나라의 방송국마다 집행해야 했던 ATL 마케팅 예산을 현저히 줄일 수 있다.

또 이런 스폰서십 계약에는 단순 브랜드 로고 노출만이 아닌 스타 선수들과의 광고 촬영, 구장 VIP 박스 및 티켓 제공, 머천다이즈 제공, Co-머천다이즈 제작, 구단과 선수 이미지 활용권, 디지털 광고권, 구단 사회공헌 팀과의 축구 클리닉 운영, 구단과의 프로모션 진행 등 다양한 마케팅 프로모션 권한이 주어지므로 이를 통해 기업들은 사실상 그 나라에서 마케팅으로 펼쳐 보이고자 하는 모든 계획을 하나로 연결할 구심점을 갖게 된다.

어떤 사람들은 한국 브랜드가 후원하고 있는 팀에서 한국 선수들이 뛴다면 어떤 이점이 있지 않을까 생각하기도 한다. 사실은 어떨까?

확실한 것은 특정 후원사가 어느 선수를 사라고 강요하지는 못한다는 점이다. 다만 이미 자국 선수가 그 구단에 소속되어 있을 경우 아무래도 선수는 좀 더 안정적인 지위를 구단 내에서 차지할 수 있다. 이런 측면에서 한국 선수들은 나라가 잘살아서, 자국 기업들이 글로벌 기업이라서 선수 커리어에서 그 덕을 보는 측면이 없지는 않다. 받쳐주는 자국 기업들이 없이 각자도생해야 하는 남미나 아프리카 출신 선수들에 비해서 자국 기업들이 자기가 뛰는 구단의 공식 후원사로 들어와 있는 것은 분명 든든한 일이다.

내가 중계하여 성사시킨 유럽 구단과 한국 기업들의 스폰서십

이적 계약 후 죽은 선수의
이적료의 행방은?

에이전트들은 구단을 대리하는 업무 과정에서 각국 리그 사무국이나 유럽축구연맹UEFA 사무국, 국제축구연맹FIFA 사무국과 자주 협업을 하게 된다. 그리고 리그 사무국이나 UEFA 사무국의 규정이나 FIFA의 판단이 계약의 최종 승인 여부를 결정하는 경우도 있어 이에 관한 정확한 지식을 갖고 업무를 수행하는 것은 에이전트에게 매우 중요한 요소다.

에이전트가 서로 다른 리그에 속한 구단 사이의 협상을 진행하는 경우는 FIFA의 결정으로 그 유효성이 결정되기도 한다. 그러므로 에이전트는 관련 FIFA규정 및 상법, 계약법, 국제법 규정의 상호관계를 교차 확인하며 협상을 진행해야 한다. 2019년 겨울 이적시장에서 유럽 축구계에서 희대의 법적 쟁점을 일으킨 사건이 발생한다. 2019년 1월 21일, 에밀리아노 살라가 이전 소속 팀의 연고지인 프랑스 낭트를 떠나 새로 계약한 프리미어리그 카디프시티에 합류하기 위해 경비행기로 이동하던 중 비행기 사고로 사망한 것이다.

해당 이적 계약을 유효한 것으로 보아야 하는지, 아니면 선수의 죽음으로 인해 실효되었다고 보아야 하는지에 대한 논쟁이 두 구단 사이에 치열하게 벌어졌다. 낭트는 이적 계약을 체결한 이상 선수가 구단 도착 전 사망했더라도 선수 이적료가 지불되어야 한다고 주장했으며, 카디프시티는 선수가 온 적이 없으므로 이적료를 지불할 필요가 없다고 주장하며 법적 분쟁까지 이어졌다.

일단 첫 중재 재판에서는 FIFA가 낭트의 손을 들어줬다. 카디프시티는 살라를 써보지도 못하고 이적료를 모두 지불해야 할 것으로 보인다.

이 사건으로 구단과 에이전트들은 새로운 교훈을 얻게 되었다. 이적 협상을 마무리한 후 선수가 경비행기를 사려는 것도 타려는 것도 막자!(여느 스포츠 종목에서는 선수들이 자가 운전도 못 하게 하는데, 그동안 축구계는 사실 선수들을 경기/훈련 외 시간엔 여러 가지 위험에 너무 자유롭게 노출시켜왔다. 이 부분도 시정이 돼야 할 때다).

에이전트가 본 라리가
vs 프리미어리그

에이전트 일은 각 리그 사무국의 규정과 업무 스타일도 유의하며 업무를 진행해야 하며, 리그 사무국의 수준과 역량에도 많은 영향을 받는다.

축구 구단이란 결국 크게 볼 때 스포츠부서+상업부서의 조합이고, 스포츠 부서가 만들어낸 기회를 상업부서가 어떻게 잘 키우는지가 구단의 성장 여부를 결정한다.

구단의 비즈니스가 해당 국가를 넘어 세계적 규모로 커지면서 이 작업에 리그의 조력이 불가피했는데, 이를 아주 잘 해낸 것이 프리미어리그 사무국이다.

반면 라리가는 이런 부분에서 리그 사무국의 조력이 부족했고, 라리가 대부분의 클럽이 오랫동안 상업 부분을 자생적으로 해결해야

라리가 사무국 빌딩

했는데, 이는 결국 라리가와 프리미어리그 전체의 격차로 이어졌다. 결국 현재 라리가는 축구 수준으로는 프리미어리그에 오히려 앞서거나 비슷하지만, 시장 규모나 글로벌화에서 프리미어리그에 뒤처진 것으로 평가받는다. 톱클래스 에이전트들도 프리미어리그가 더 많이 확보하고 있다.

물론 세계공용어인 영어를 쓰는 국가의 리그라는 점이 프리미어리그의 글로벌 성장을 다소 쉽게 만든 면도 있는 게 사실이다. 하지만 정책적으로도 프리미어리그 사무국의 정책은 20개 구단의 균형 발전을 도모하는 데 반해, 라리가의 정책은 레알 마드리드와 바르셀로나에만 편향되었던 탓에 리그 전체 발전을 저해한 면이 매우 크다.

프리미어리그 사무국은 20개 구단 대표와 정기적으로 미팅을 갖는데, 빅클럽 대표라 하여 발언권이 더 세지 않다. 오히려 리그 사무국이 중하위권 팀들의 성장을 위해 이 미팅에서 빅클럽들의 양보를 이끌어내는 경우가 많다. 라리가에 대해서는 같은 얘기를 하기는 힘들다. 라리가에서는 오히려 전체 미팅에서 '우리는 레알 마드리드이므로 (바르셀로나이므로) 여기서 빠지겠어'라며 리그 전체 이익을 위해 추진하는 일을 거부하고, 독자 노선을 잡더라도 사무국이 이를 설득하지 못하는 경우도 종종 보았다.

스페인 중위권 클럽의 한 수뇌부를 만났을 때(호날두가 아직 레알 마드리드에서 뛸 때) 그는 라리가가 프리미어리그처럼 다수의 구단이 빅클럽이 되어 경쟁하는 리그가 되지 못하는 이유는, 라리가의 테베스 회장이 중위권 구단들이 세계적 구단으로 도약하도록 돕는데 사무국에 부족한 점이 무엇인지 걱정하기보다는 호날두 감기 걸린 걸 더 걱정하기 때문이라며 분통을 터뜨리기도 했다.

구단이 구단 자체의 가치가 아닌 스타 선수에 집중된 마케팅을 하면 결국 부메랑처럼 폐해가 돌아오듯, 톱 구단에만 끌려다니는 사무국의 정책은 리그 전체의 발전을 저해한다. 소수 구단에만 톱에이전트들이 쏠리면서 중하위권 구단들은 네트워크를 확장하고 비즈니스 기회를 펼칠 기회를 박탈당하기 때문이다.

사실 라리가 리그 사무국 수뇌부들은 자신들의 리그 수준에 큰 자부심을 가지고 있다. 2017-18시즌 챔피언스리그 결승전을 앞두고 라리가 수뇌부 중 한 명이 말했다. "카탈리나, 챔피언스리그란 유럽 팀들과 좀 놀아주다 스페인 팀이 결국 우승하는 토너먼트거든. 그러니까 이번에도 결승전은 레알 마드리드가 이길 거야." 하지만 축구에서 중요한 것이 축구 실력인데, 실력이 가장 뛰어나면서도 세계 최고의 리그로 발전시키지 못하는 것은 매우 안타까운 일 아닌가? 스페인 축구 스타일을 좋아하는 많은 축구팬들도 이를 안타까워한다는 것을 안다.

라리가는 사무국 차원에서 리그의 발전을 다각화할 필요가 있다. 스페인 구단들도 스페인 밖에서 외부 전문가를 받아들이고, 해외 네트워크 형성에 힘쓰는 등 세계화에 힘쓰지 않으면 영어권인 프리미어리그 클럽과의 경쟁에서 계속 밀리게 되고 그 격차가 점점 더 벌어질 것이다. 실제로 라리가 사무국은 새로운 시도를 하고 있는데, 미국에서 라리가 리그 경기 일부를 연간 개최하는 파트너십을 체결한 것이 업계에서 화제가 되었다. 이런 다소 과감한 결정은 프리미어리그보다 후발주자로서 라리가의 국제화를 위한 노력의 일환이라고 볼 수 있다.

덧붙이자면, 현재 유럽 리그들은 글로벌 시장을 확대하기 위해 사력을 다하고 있다. 프리미어리그도 아시아 마켓에서 더 큰 성공을 거두기 위해 리그 일부 경기를 아시아에서 치르는 것을 이미 10년 전부터 계속 검토해왔다. 이 논의는 결국 경기 시간을 일부 조정해 아시아 팬들이 새벽이 아닌 저녁에 경기를 볼 수 있게 하는 것으로 대체하며 일단락되었다. 또 개별 리그만이 아니라 챔피언스리그 사무국도 비슷한 고민을 몇 해째 하고 있다.

챔피언스리그와 프리미어리그가 재정적인 이유를 떠나 해당 플랜을 실제로 실행하지 않은 비공식적이지만 가장 큰 이유는 아시아인들이 유럽에서 하는 유럽 축구를 좋아하는 거지 아시아에서 하는 유럽 축구는 별로 선호하지 않기 때문이다(일부 아시아인들의 사대주의를 정확히 간파해 실로 '웃프다'). 허나 해당 논의가 아직 종료된 것은 아니므로 앞으로 프리미어리그나 챔피언스리그 경기를 아시아에서 개최하게 될지 지켜보자.

호날두는 왜
세리에 A로 이적했나

유럽 리그의 변화와 해당 리그가 존재하는 나라의 경제적 사회적 상황이 에이전트가 진행하는 선수 이적 논의에 영향을 주기도 하는데, 그 대표적 예로는 2017년 네이마르와 2018년 호날두 이적 건이 있다.

호날두 선수의 이적 배경에는 많은 정치적·스포츠적 이유가 존재했지만, 업계에서는 가장 큰 이유를 세금으로 보고 있다.

호날두 선수의 이탈리아 이적은 굉장히 흥미로운 사건이다. 최근 10년간 스타플레이어의 이적은 라리가-프리미어리그 사이에서만 활발했는데, 갑자기 특A급 선수가 세리에 A행을 택하면서 마켓을 놀라게 했다. 여기에는 축구 외적으로 정치적 경제적 배경이 있다.

세리에 A는 한때 전세계 축구팬을 열광시키던 빅클럽과 슈퍼스타를 다수 보유한 리그였으나, 2006년 칼초폴리 사건으로 하락세를 걷게 된다. 칼초폴리는 간략히 승부조작 사건이라고 알려져 있으나 사실 이는 단순한 승부조작 이상으로, 이탈리아 축구계의 여러 인맥들이 얽히고섥혀 온갖 뇌물과 청탁으로 얼룩진 거대한 사건이다. 결과적으로 이탈리아 축구계에 종사하는 인물들의 전문성과 신뢰도가 통째로 부정되는 결과를 가져왔다는 점에서 더 큰 타격이 있었다. 과거 세리에 A 종사자나 출신은 그에 따른 전문가의 지위를 인정받아왔으나, 뇌물과 청탁이 그 안에서 횡행했다는 것이 드러나면서 업계 전체의 공신력이 바닥으로 떨어졌다.

남유럽 리그의 고질적 문제점 중 하나가 마치 정치계처럼 한 명의 수장을 중심으로 '라인'이 존재한다는 점인데, 그 때문에 이 수장의 커리어가 위협당하면 라인이 통으로 날아가는 사태가 벌어지곤 한다. 칼초폴리 사건으로 이탈리아 축구의 주요 인물들이 수사를 받고, 일부 징계를 받으면서 축구계 주요 라인이 날아갔다. 더 큰 문제는 이미 공신력을 잃은 세리에 A로 되려 더 검증되지 않은 인물들이 들어오기 시작했다는 것이다. 실력 있는 사람들은 자신의 전문성을 의심받을 수 있는 세리에 A로 가길 꺼렸고, 능력 있는 운영진과 에이전트 유입도 어려워지면서 대형 선수의 이적도 끊겼다. 그렇게 세리에 A는 더이상 프로답게 운영되지 않는 리그가 되어 이탈리아 출신을 제외하고는 스폰서도 선수도 꺼리는 리그가 되고 말았다.

한편 스페인에서는 2010년 그리스발 경제 위기로 시작된 유럽 재정위기가 다가왔다. 유로화 도입 이후 지속적인 경상수지 흑자를 기록해온 독일·네덜란드 같은 국가와 달리 스페인은 GDP 10%에 이르는 경상수지 적자를 겪어왔다. 결국 2011~2012년을 지나는 동안 당시 스페인 경제의 16%를 차지할 정도의 중요 산업이던 스페인 건설 산업이 무너졌으며, 이 건설 경기 침체는 주택 가격 하락을 가져왔다. 스페인 일반 사람들 가계의 자산 비중에서 부동산이 차지하는 비율은 무려 80%에 달했기에 주택 가격 하락은 소비 침체와 금융권의 몰락으로까지 이어졌다. 당연히 일자리 감소가 시작되며 실업률이 치솟기 시작했고, 일자리에 집까지 잃게 생긴 스페인 사람들의 분노는 가진 자들에게 향했다.

스페인 내 대표적인 고소득 직종 중 하나는 프로 축구선수인데, 당시 스페인 당국이 문제를 삼았던 메시, 네이마르, 호날두 등은 스페인 출신도 아니었다. 스페인 국민들은 높은 연봉을 받으면서 스페인에 세금을 제대로 내지 않고 호의호식하며 살고 있는 외국 스타플레이어들을 곱지 않게 보았고, 정부는 다른 직업군 고소득자 계층을 건드리기보다 외국인 축구선수들의 납세 여부를 조사하는 것이 세수를 확보하며 정치적으로 국민을 달랠 수 있는 쉬운 길이라고 여긴 듯하다.

하지만 이 세무 조사에 선수 측 반발이 생각보다 컸다. 법정 싸움이 예상보다 길어지며 몇 년 동안이나 계속됐다. 라리가 선수들은 스페인 정부의 사냥에 지쳐갔다. 세계 최고의 구단에서 뛰며 만족할 만한 연봉을 받고 있지만, 이적을 진지하게 고려하기 시작했다. 이적료 협상을 할 때 구단 측에 세금 문제를 대신 해결해줄 것 내지는 현재 정부에게서 받고 있는 소송을 대신 처리해줄 것 등을 요구할 정도로, 선수들은 극심한 스트레스를 받았다. 실제로 2017년 여름 네이마르의 파리 생제르맹 이적도 이런 흐름 끝에 이뤄진 것이다.

칼초폴리 사건 이후 오랫동안 대형 스타 영입이 어려웠던 이탈리아는 여기서 기회를 본다.

2018년부터 약 1년여간 공고 후, 이탈리아는 2019년 4월 마침내 '프로운동선수 개인소득세법'을 발효했다. 이는 이탈리아로 새로 이주한 프로 선수에 세금 혜택을 주는 것을 골자로 하고 있는데, 소득의 30%에만 세금을 부과해서 실질 세율이 약 13%(43%의 고소득 세율이 소득의 30%에 적용되므로 $0.3×0.43=0.129$)까지 낮아지는 효과가 있다. 세금을 절약하는 분명한 금전적 이득이 있는 데다가 심지어 정부가 외국인 스타 플레이어를 영입하고자 만든, 정부의 지지를 받는 세금 감면 제도이니 차후 스페인에서처럼 세무 조사의 타깃이 될 염려가 없다는 점도 큰 메리트다.

해당 법률에 따라 2018년 여름 유벤투스로 이적해 이탈리아로 거주지를 옮긴 호날두는 2019년부터 소득의 13%만을 세금으로 내고 있다. 이는 스페인에서 뛸 때보다 무려 1/3 이상 적은 금액으로, 절약하는 세금이 연간 1620만 유로에 이르며 사실상 이탈리아 정부의 비호 속에 살 수 있게 되었다.

연봉	스페인 세율(43%) 적용	영국 세율(45%) 적용	이탈리아 세율(13%) 적용
5400만 유로	2322만 유로	2430만 유로	702만 유로

호날두 연봉에 대한 나라별 세금액

여기서 자세히 기술하기는 어려운 라리가 회장과 레알 마드리드, 호날두 선수를 둘러싼 갈등 문제에 위와 같은 유럽의 경제적·정치적 상황이 맞물리며 호날두의 유벤투스 이적이라는 결과물로 폭발하는 과정은 지켜보기가 매우 흥미로웠다.

구단이 순위에
목숨 거는 이유

　　　　　　　　최근 톱에이전트들은 중개권료 협상에 도 활발히 뛰어들고 있다. 구단들이 왜 그렇게 리그 순위와 챔스 진출에 목숨을 거는지 궁금해하는 사람들도 있는데, 중개권 수익이 그 이유를 알려준다.

리그 순위는 왜 구단에 중요할까? 리그 2위와 3위가 둘다 챔스에 진출한다면 2위와 3위 간에는 차이가 없지 않을까? 하는 의문이 들 수 있는데, 천만의 말씀이다. 이를 이해하려면 리그별 수익 분배구조를 이해해야 한다. 프리미어리그의 경우를 들어 설명해보겠다.

프리미어리그에서는 해외 중계권 수익은 20개 구단에게 균등 분배

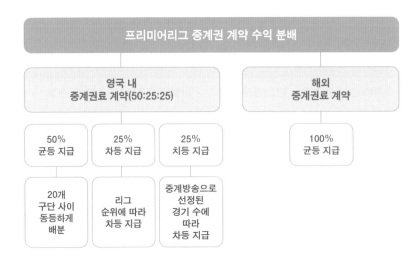

하지만, 영국 내 중계권 수익은 50%는 균등 지급, 50%는 차등 지급한다. 50% 차등 지급의 절반은 리그 순위에 따라 달라지고, 나머지절반은 TV 중계 경기로 선정된 횟수에 따라 지급한다(같은 시간 여러 경기가 열릴 경우 인기 경기 위주로 중계하는데, 따라서 더 많이 중계되는 인기 구단이중계권 증액을 견인했다고 인정하여 더 지급해주는 것이다). 이에 따라 2017-18 시즌 리그 1위와 20위의 수입 차이는 5000만 파운드(약 766억 원)에 달했다. 2위와 3위의 차이도 500만 파운드(약 76억 원)가 넘게 난다.

따라서 구단에게 리그 순위는 다음 시즌 예산과 직결되는, 밥줄과도같은 것이다. 한 계단마다 몇백만 파운드 단위의 수입이 바뀌기에 모든구단은 마지막 경기까지도 순위를 올리려고 안간힘을 쓸 수밖에 없다.

챔스 진출 문제도 그렇다. 챔스는 구단의 퍼포먼스 측면과 글로벌 인지도에도 큰 영향을 끼치지만, 무엇보다 구단 예산에 매우 중요한 요소

단위 : 백만£

구단명	리그 순위 (A)	중계경기 선정횟수 (B)	균등 지급	B순위별 차등 지급	A순위별 차등 지급	해외 중계료 수익	스폰서 수익	총 지불금
맨체스터 시티	1	26	34,812,56	30,390,74	38,625,36	40,771,108	4,838,89	149,438,65
맨체스터 유나이티드	2	28	34,812,56	32,650,50	36,694,09	40,771,108	4,838,89	149,767,15
토트넘 홋스퍼	3	25	34,812,56	29,260,86	34,762,82	40,771,108	4,838,89	144,446,24
리버풀	4	28	34,812,56	32,831,56	32,831,56	40,771,108	4,838,89	145,904,61
첼시	5	26	34,812,56	30,390,74	30,900,29	40,771,108	4,838,89	141,713,58
아스널	6	28	34,812,56	32,650,50	28,969,02	40,771,108	4,838,89	142,042,07
번리	7	10	34,812,56	12,312,67	27,037,75	40,771,108	4,838,89	119,772,98
에버턴	8	19	34,812,56	22,481,58	25,106,48	40,771,108	4,838,89	128,010,62
레스터 시티	9	12	34,812,56	14,572,42	23,175,22	40,771,108	4,838,89	118,170,20
뉴캐슬 유나이티드	10	18	34,812,56	21,351,70	21,243,95	40,771,108	4,838,89	123,018,21
크리스탈 팰리스	11	12	34,812,56	14,572,42	19,312,68	40,771,108	4,838,89	114,307,66
본머스	12	11	34,812,56	13,442,55	17,381,41	40,771,108	4,838,89	111,246,52
웨스트햄	13	17	34,812,56	20,221,82	15,450,14	40,771,108	4,838,89	116,094,52
왓포드	14	10	34,812,56	12,312,67	13,518,88	40,771,108	4,838,89	106,254,10
브라이튼 앤 호브 앨비언	15	13	34,812,56	15,702,30	11,587,61	40,771,108	4,838,89	107,712,47
허더즈필드 타운	16	10	34,812,56	12,312,67	9,656,34	40,771,108	4,838,89	102,391,56
사우스 샘프턴	17	16	34,812,56	19,091,94	7,725,07	40,771,108	4,838,89	107,239,57
스완지시티	18	10	34,812,56	12,312,67	5,793,80	40,771,108	4,838,89	98,529,03
스토크시티	19	12	34,812,56	14,572,42	3,862,54	40,771,108	4,838,89	98,857,52
웨스트 브로미치 앨비언	20	10	34,812,56	12,312,67	1,931,27	40,771,108	4,838,89	94,666,49
총합			696,251,16	405,566,31	405,566,28	815,422,160	96,777,84	2,419,583,75

1992-2019 EPL 방송 권리 내역

기간	년수	TV 방송국	연간 매치수	총 게임	총 비용(£)	매치 별 비용
1992-97	5	Sky	60	300	191	£ 0.6
1997-01	4	Sky	60	240	670	£ 2.8
2001-04	3	Sky	110	330	1,200	£ 3.6
2004-07	3	Sky	138	414	1,000	£ 2.5
2007-10	3	Sky/Setanta	138	414	1,700	£ 4.1
2010-13	3	Sky/ESPN	138	414	1,800	£ 4.3
2013-16	3	Sky/BT	154	462	3,000	£ 6.5
2016-19	3	Sky/BT	168	504	5,100	£ 10.2m

단위 : 백만

다. 챔피언스리그에 진출하면 최소 5000만 파운드를 받고, 토너먼트를 지나면서 받는 금액은 점점 뛰는데, 결승까지 진출한 팀이 받게 되는 누적 총액은 1억 파운드에 달한다. 그리고 이 배분액의 대부분은 챔스 중개권 수익에서 나온다. 그만큼 에이전트에게도 중개권 협상은 규모도 크고, 그 기간도 길며, 보상도 높아 더 집중하는 특별한 협상이다.

이 때문에 구단 규모에 따라 사정은 다르지만, 챔스 진출 실패로 다음 시즌 예산이 반토막나기도 한다. 그러면 그다음 시즌도 선수 영입에 투자하기 어려워지는 악순환으로 이어져 구단의 본격적인 침체기가 시작될 수 있으므로, 챔스 진출 실패는 빅클럽들이 가장 두려워하는 시즌 종료 결과 중 하나다.

코로나,
그저 하프타임일 뿐

마지막으로 에이전트는 계약이행이 불가한 상황에서의 법률분쟁이나 예기치 못한 투자환경 변화시에 구단이나 리그 사무국을 조언하는 역할도 수행한다.

다른 분야도 마찬가지였겠지만, 코로나는 내가 유럽 축구계에서 8년간 일하며 겪은 일 중 유럽 구단들이 가장 준비가 안 되었던 사건이었을 것이다. 관중 앞에서 펼치는 프로축구 경기는 결국 쇼비즈니스의 일종인데, '쇼는 언제나 계속되어야 한다The show must go on' 정신으로 살아오던 업계 사람들에게 리그가 중단된다는 것은 상상조차 해본 적 없던 상황이었다. 평생 축구를 보며 자라 축구계에 몸담은 사람들에게 축구가 없는 몇 달은 난생처음 겪는 시간이기도 했다.

코로나 위기는 아시아를 먼저 덮쳤고, 그 뒤 이탈리아에서 확진자가 급증하다 유럽 전체를 뒤덮었다. 2020년 2월경 내가 코로나로 2019-20시즌이 경기를 다 채우지 못하고 중단될 것 같다고 얘기할 때만 해도 유럽 축구계 사람들은 모두 음모론을 듣는 것 같은 표정들을 지었다. 그러나 불과 한 달 뒤 유럽 각국은 봉쇄에 들어갔고, 모든 축구 리그가 중단되었다.

코로나는 2020년의 많은 것을 바꾸었다. 같이 일하던 선수나, 코치, 구단 관계자 등이 코로나에 걸리기도 했고, 대면 미팅이 줄어들면서부터 정보 교환에 어려움을 겪기도 해 실제로 계약 건수가 현저히 줄어들기도 했다.

경기에서 수익을 올리지 못한 구단들의 경영난이 심해졌고, 이는 구단 직원들의 대량 해고로 이어지기도 했다. 많은 동료들과 작별을 해야 했고, 코로나 시대의 이윤 창출 대안을 긴급 논의했다.

유럽 축구계에서 예전엔 볼 수 없던 패배주의의 기운을 보기도 했다. 하지만 경영진들의 시각은 다소 달랐다. 매주 경기 결과에 따라 파리 목숨인 직책을 몇 년씩 해온 그들은 산전수전 다겪은 전사들이다. 그들 중 일부는 코로나는 일시적인 것이며 구단의 정책도 리그의 방향도 코로나 때문에 변경해서는 안 된다고 주장했다. 나 역시 같은 생각이었다.

코로나 기간 중 어떤 프로젝트 관련 미팅에서 이 투자를 계속해야 하는가에 대해 의견이 첨예하게 대립한 적이 있었는데. 그때도 나는 말했다.

"제가 사회에 나온 이후 매해마다 올해는 불황이라 했고, 제가 유럽에서 일한 매해마다 유로존은 경제 위기라고 곧 무너진다고 했어요. 그래서 유럽이 무너졌나요? 안 무너졌어요.

화산도, 폭동도, 테러도, 브렉시트도, 코로나도 다 예상 못한 위기라고, 대비가 안 됐다고 했어요. 그래서 구단들 파산했나요? 파산 안 했잖아요. 여기는 함부로 가드를 내리는 곳이 아닙니다. 여긴 돈 위에 잠자는 자에 관대한 곳이 아니에요. 투자만이 위기에도 업계에 회수할 돈을 돌게 합니다. 원래 구단 계획대로 진행해야 합니다."

그리고 투자는 계속되는 것으로 결정되었다. 이것이 축구계의 옳은 방향인지 아닌지에 대한 평가는 포스트 코로나가 말해줄 것 같다. 하지만 나를 비롯한 유럽 축구계 키플레이어들의 생각은 같다. 우리는 코로나에 지지 않을 것이다.

이젠
말할 수 있다
호날두
노쇼 사건

> 사기라는 걸 확신하게 된 것은 경기 당일이었다.
> 나는 상암 월드컵 경기장으로 이동하는 차량에서
> 호날두 선수의 사인회에 100명의 팬이 참석해 호날두를
> 한 시간 이상 기다렸다는 국내 언론 보도를 보고
> 정말 놀랐다. 호날두 사인회 취소는 이미 한국
> 입국 전에 결정된 일이기 때문이다.

한국 축구의 현실을 눈으로 확인한
참담했던 유벤투스 친선전의 기억

왜 슬픈 예감은
틀린 적이 없지

유벤투스 에이전트로 일한 지 6년 이
상 되었지만, 사실 그동안 유벤투스와 한국에 갈 기회가 있지는 않았
다. 그러다 2019년 4월경 유벤투스 수뇌부가 아주 뿌듯한 얼굴로 나
에게 얘기했다.

"카탈리나, 좋은 소식이 있어. 기밀인데 우리 이번 여름에 서울에서
친선전을 할 거야."

순간 내 표정이 일그러졌다. 유벤투스 측은 살짝 당황해하며 물었다.

"왜? 좋아할 줄 알았는데?"

"왜 그런 모험을 하려고 하지? 역대 한국에서 빅클럽의 친선전은
득보다 실이 많았어. 누차 말하지만, 한국이란 시장은 생각보다 복잡
하고 다이내믹한 시장이야. 한국은 축구에 대한 높은 관심이 친선전

의 성공으로 반드시 이어지는 구조가 아니라고."

"카탈리나, 우리 유벤투스야. 다른 구단들과 우리를 비교하지 마. 그런 실패는 다른 구단들의 사례겠지. 우린 달라. 우린 이번 친선전을 통해서 영국, 스페인 구단들을 제치고 한국에서 확고한 입지를 굳힐 거야. 카탈리나도 초대할 테니 꼭 오도록 해."

"이미 조언했듯이 한국을 공략하고 싶다면 일회성 이벤트로 클럽의 입지가 확 높아질 거라는 기대를 하기보단 꾸준한 온라인 콘텐츠에 투자해야 돼. 필드 프로모션 한 차례로 일 년 내내 회자되기를 기대하는 시대는 지났어."(물론, 결과적으로 볼 때 유벤투스는 노쇼 사건으로 한국에서 다른 의미로 1년 내내 회자되는 것에는 성공했다)

"아, 카탈리나. 왜 이렇게 부정적이지? 우린 이 친선전에 아주 기쁘고, 이미 하기로 해서 진행할 거니까 성공할 친선전이라는 전제로 함께 일했으면 좋겠어. 아무튼 경기도 꼭 오도록 하고. 카탈리나가 초대하고 싶은 VIP들 있으면 얘기해."

사무실에 돌아온 나는 분통을 터트렸다. 당시 우리 회사는 유럽 빅클럽들과 한국에서 유소년 축구 프로그램을 시작하려고 준비 중이었고, 이탈리아 쪽 파트너로 유벤투스를 선정했었다. 그런데 이 친선전은 유벤투스와의 기존 계획에 없었을 뿐만 아니라, 현지 프로모터가 주관하는 이벤트이고 구단은 단순히 초청을 받는 손님의 입장이라 망가지는 흐름으로 가더라도 구단이나 구단 에이전트인 내 쪽에서 도울 수 있는 방법이 없었다. 왠지 이 영향으로 우리 유소년 축구 프로그램도 피해가 생길 것 같은 예감이 들었다.

이것이 우리나라 축구 역사에서 가장 충격적인 일 중 하나였던 '호날두 노쇼 사건'의 시작이었다. 아마 한국인 중에서는 내가 가장 먼저 친선전 정보를 알았고, 또 불길한 예감을 받았을 것이다. 많은 한국 축구 팬이 이 사건에 상처를 받았고, 아직까지도 분노하고 있다. 그리고 그 분노는 대부분 유벤투스와 그중에서도 특히 호날두 선수를 향한다. 그렇지만 이 사건의 전말을 시작 단계에서부터 봐온 내 입장에서는, 이 사건은 에이전트 업계의 미발달과 한국 축구계의 유럽 축구계 협상에 대한 이해 부족으로 일어난 예견된 비극이었지, 어느 특정 구단과 선수를 탓할 일은 아니었다. 만약 한국 축구계가 계속해 후진적인 에이전트 시스템으로 굴러간다면, 유벤투스와 호날두가 아니라 다른 팀과 다른 선수에게도 비슷한 배신감을 느낄 날이 또 올 것이다. 그래서 이 장에서는 '호날두 노쇼 사건'의 진짜 원인을 알아보고, 이런 일이 다시 일어나는 걸 막기 위해선 무엇이 필요한지 살펴보려 한다.

비극의 시작

여름을 앞두고 나는 출장 스케줄을 짜기 위해 유벤투스 측에 서울 친선전 날짜를 알려달라고 했다. 여러 차례 요청에도 계속 기다려달라는 대답이 계속되어 나는 결국 짜증을 냈다.

"저기, 나도 재촉하고 싶지 않은데 나도 여름에 출장스케줄이 빡빡해서 그래. 정확히 어느 주가 될 거라는 거 정도라도 알려줘야 날짜를 뺄 수 있지, 가장 바쁜 시기에 서울까지 가 꼭 참석하라고 하면서 날짜를 아직까지 안 알려주면 어떡해?"

그러자 유벤투스 측로부터 희한한 답변이 왔다.

"돈을 받지 못했어."

"프로모터한테?"

"응. 해결하려고 노력 중이야. 조금만 기다려줘."

이때부터 유벤투스 친선전에 대해서 싸늘한 예감이 들기 시작했다. 한국에서는 처음 들어보는 사람이 본인이 유럽 빅클럽들과 일하는 프로모터라며 유벤투스 친선전을 이미 광고하기 시작했다. 이때쯤 유벤투스의 홈페이지에 유벤투스 여름 투어 일정이 떴지만, 그 일정에 서울은 없었다. 그러나 서울에서는 호날두의 45분 출전이 계약상 보장되었다며 대대적인 홍보가 계속되었다. 뭔가 꺼림직했다.

호날두 측에 전화를 걸어 일상적인 안부를 묻는 척을 하며, 여름 일정에 대한 얘기를 물었다. 한국에서 방송 출연 기회가 있다면 출연 의사가 있는지 등의 얘기도 오갔다. 그러나 어떤 대화 중에도 호날두 측이 "참, 어차피 친선전 때문에 서울에 가잖아"라는 얘기도, 서울에서 지금 호날두를 활용해 대대적인 홍보를 하고 있는 프로모터의 얘기도 전혀 하지 않았다. 아무것도 모르는 눈치였다.

유럽 구단이 여름마다 비행기를 타는 이유

노쇼 사건을 이해하기 위해서는 먼저

친선전에 대한 기본적인 설명이 조금 필요하다. 일단 구단들은 여름 투어를 왜 하고 프로모터는 어떤 일을 하는가?

구단 여름 투어인 친선전은 물론 구단의 저변 확대, 시장 확장, 로컬 팬 확보 등의 목적이 그 취지이지만, 사실 축구 팀들은 어차피 정기적으로 경기를 치러야 하는 입장이다. 즉 리그가 끝나고 다음 시즌이 시작하기까지 약 2달간은 팀에게 골치 아픈 시간이다. 경기 감각을 잃지 않고 조직력을 유지하기 위해서는 정기적으로 경기를 치를 필요가 있는데 경기가 없다. 이 시기를 이용해 친선전을 발전시킨 것이 아시아 국가들이다. 어차피 경기를 해야 해서 상대가 돼줄 팀을 구해야 하는 이들을 거액을 주고 초청하여 친선전을 치르기 시작했다. 그런데 이것이 처음에는 사건사고가 많았다. 영국의 한 구단은 친선전이 잡혀 해당 도시에 갔더니 프로모터의 사기였으며, 해당 친선전은 애초에 존재하지도 않았었다고 한다. 이런 시행착오를 겪으며 자리 잡힌 게 3가지 종류의 친선전이다.

첫째, 인터내셔널챔피언스컵ICC 같은 대회에 참여하는 방법이 있다. 인터내셔널챔피언스컵은 2013년부터 시작한 토너먼트로, 미국의 두 억만장자가 챔스는 왜 유럽에서만 해야 하냐며 유럽 밖에서 토너먼트를 하나 만들었으면 해서 만든 대회다. 이 사람들은 친선전을 통해 돈을 버는 데에 절박하지도 않고, 심지어 이중 한 명은 NFL의 마이애미 돌핀스를 보유한 부호다. 인터내셔널챔피언스컵은 다수의 유럽 구단들과 장기계약을 맺는 데 성공했고, 7년째 대회를 잘 운영해 오고 있다. 여름 투어를 보내는 가장 안정적인 플랫폼이라 볼 수 있다.

둘째, 구단 스폰서가 초청하는 경기가 있다. 빅클럽들은 2000년대에 들어서면서 아시아 쪽 대형 스폰서를 다수 가지게 되었다. 이 스폰서들의 본사에서 자국에 오는 초청 경기의 비용을 대거나 아예 이 경기를 스폰서십의 일부로 같이 계약해버린다. '스폰서십 3년 기간 동안 여름 투어 방문을 1차례 한다' 이런 식으로. 이 경우도 상당히 안정적인 결과를 기대할 수 있다. 왜냐면 제일 중요한 비용 부분이 해결되고, 구단도 현 스폰서가 하는 행사니까 성실히 이행하게 되기 때문이다. 진행 중인 스폰서십 계약 관계를 망치고 싶어하지 않을 테니까.

셋째, ICC 경기도 그 나라에서 열리지 않고, 그 나라가 해당 팀을 스폰하는 기업도 하나도 없을 경우, 마지막으로 어쩔 수 없이 검토하는 옵션으로 개인 프로모터가 주최하는 경우다. 가장 안 좋은 옵션이고, 서울에서 열린 바르셀로나 경기와 유벤투스 경기가 모두 이 경우였다.

이 경우 구단은 어떤 기준으로 프로모터를 선정할까? 여러 말할 것 없다. 가장 중요한 것은 자본력이 충분한가이다. 이걸 이해하려면 대전료를 누가 어디까지 부담하는지 알 필요가 있다.

유럽 구단이
프로모터를 선정하는 기준

빅클럽 여름 투어는 100% 프로모터가 비용을 부담하여 초청의 형식으로 양 팀에 대전료를 지급해야 하니 일단 프로모터가 되려면 그 자본이 갖춰져 있어야 한다. 빅클럽 2

팀 경기면 초청비만 이미 최소 40억을 넘어선다. 중요한 점은 경기가 취소되어도 초청팀은 여전히 대전료를 받는다는 것이다. 프로모터만 해당 돈을 날리게 된다. 예를 들어 2015년에 펩 과르디올라 감독이 맨시티를 맡고 무리뉴가 맨유를 맡은 후 두 구단의 매치가 여름 투어 중 중국에서 열리게 됐다. 시즌 시작 전에 맨체스터 더비를 처음 갖는 거라 미디어의 관심이 대단했다. 그런데 이 경기가 폭우로 취소된다. 맨유와 맨시티는 경기도 치르지 않았지만, 대전료를 챙겼다. 프로모터였던 ICC는 당연히 적자를 봤다. 만약에 이게 개인 프로모터였다면 아마 파산신고를 해야 할 대형 적자다. 그래서 업계에서 나처럼 이미 진입해서 자리잡은 에이전트들은 친선전 프로모터는 안 하려고 한다. 부담해야 할 리스크가 너무 쓸데없이 큰 아이템이기 때문이다.

친선전 프로모터?
No, 도박꾼!

그럼에도 하려는 사람들은 누군가. 빅클럽과 일을 해보고 싶은데 도저히 접근할 방법이 없는 사람들, 아니면 그냥 '난 한방에 유명해지겠어' 하는 사람들로, 결국 '도박꾼들'이다.

국내에서도 유벤투스 친선전 프로모터가 된 로빈 장이라는 인물의 유럽 축구계 인맥에 대해 과장된 말들이 많았지만, 아시아 친선전 프로모터를 한다는 것 자체가 사실 유럽 축구계에 진입을 못 했다는 뜻이다. 친선전 프로모터를 구단이 선택할 때 경력? 배경? 다

회사 유튜브를 통해서도 '호날두 노쇼 사건'의 내막에 대해 다룬 적이 있다(https://www.youtube.com/watch?v=C7y47vBllvM&t=15s). C&P(카탈리나&파트너스) 유튜브 화면

필요 없고 사실상 대전료를 댈 수 있는지 하나만 본다. 구단 입장에서는 심지어 취소돼도 돈을 받는데, 경력을 따지며 마다할 이유가 없다. 단 자본이 있는지가 유일하게 중요한 요소이기에 이에 대해서는 검증을 거친다.

개인적 견해로 나는 유벤투스전 프로모터가 자신의 자본력을 거짓으로 증빙했다고 생각한다. 왜냐면 일의 진행 순서로 볼 때 대전료가 먼저 지급되고 티켓 세일즈를 한 것이 아니라, 대전료 지급을 하지 않은 채로 티켓을 먼저 팔아 티켓 판매 대금으로 대전료를 지급한 것이 아닌가 의심이 들기 때문이다. 실제로 그 프로모터가 서울 친선전을 대대적으로 홍보한 것은 유벤투스에 대전료를 입금하기 전이었다.

한국에는 5월에 이미 언론 홍보가 시작되었지만, 유벤투스는 5~6월 동안 구단 공식 채널에 올린 여름 투어 일정에 한국은 계속 제외해왔다. 우리 업계에서 외부에 '오피셜'로 뜨는 것은 통상 '입금 완료'를 뜻한다. 아무리 논의를 실제로 했고, 예정에 있어도 입금이 되지 않으면 공식 채널에 오픈하지 않는다.

이때 유벤투스 경기 날짜는 7월 26일이었는데 같은 달인 7월 2일이 되어서야 한국에서 여름 투어 경기가 열린다고 공지를 할 수 있게 됐다. 사실 입금 문제로 한국에서 경기가 확실히 열릴지 구단도 100% 확신을 못 하는 상황이었던 것이다. 제일 중요한 대전료가 해결이 안 된 상태에서 오피셜을 띄웠다가 혹시 입금이 안 돼 전면 무효가 됐을 때 입을 타격을 생각하면 그럴 수밖에 없었다. 그리고 이는 한국에서의 체류 스케줄이 짧아지는 원인이 되기도 했다. 구단은 서울 경기가 100% 확실하지 않으니 충분한 정도의 팀 체류 일정을 미리 빼놓지 않았던 것이다.

호날두,
나는 이 경기 보이콧!

입금이 늦어지며 이 경기에 대한 많은 세부 사항들이 급하게 결정돼 진행되었고, 현장에서 여러 문제가 생겼다. 그리고 결정적으로 이게 호날두가 경기에 나오지 않게 되는 원인도 제공했다. 호날두 측은 이 경기에 대해 굉장히 늦게 연락을 받았다. 구단 입장에서는 경기가 있을지 없을지조차도 모르는 상황이니 선수 측에 얘기를 계속 안 한 것이나, 호날두 에이전트 측에서는 이미 몇 달 전에 호날두 선수의 의무 출전 조항이 들어간 계약서 작성을 해놓고서 이제야 얘기하는 건 옳지 않다고 항의했다. 사실 호날두의 입장에서는 항의할 만한 일이었다. 늦게서야 사실 서울에 경기가 한 차례 더 있고, 거기에 호날두 선수가 의무적으로 뛰어야 한다고 통보하는 것도 화가 날 일이었는데, 한국에서는 이미 5월부터 뉴스에도 나간 얘기라는 게 아닌가. 선수 측에서는 처음부터 본인들과 논의했어야 할 일을 몇 달 동안 숨겼다고 생각했으며, 이럴 때 구단에 강하게 어필을 하지 않으면 앞으로 온갖 홍보 일정을 구단이 임의로 짜는 걸 묵인하는 셈이라 여기고 경기를 보이콧하는 결정까지 내리게 된 것이다.

프로모터님아,
그 강을 건너지 말았어야죠

티켓 판매 홍보 과정에서 프로모터는 적극적으로 언론에 호날두 선수 45분 출전이 계약상 보장된 사실이라고 얘기했다. 이말은 사실일까? 실제 계약서 문구는 다음과 같다. "호날두는 경기 상당 시간을 뛴다. 상당 시간이란 45분을 말한다. 호날두 선수가 친선전에 오지 않거나 뛰지 않으면 구단은 페널티를 낸다. 호날두 선수가 웜업이나 경기 중 부상을 당해 못 지킨 경우는 페널티를 내지 않아도 된다.(이 문구의 원문은 "Juventus First Team player Cristiano Ronaldo shall play a substantial portion of the match. Substantial portion of the match means a minimum of 45(forty-five) minutes of the Match. If Christiano Ronaldo doesn't show up and/or doesn't play the Friendly match, penalty shall apply. Injury during warm-up or while playing penalty does not apply"이다.)

이것이 호날두 선수의 출전을 보장하는 내용이라 보이는가? 여기서 얘기하고 있는 건, 호날두 선수가 뛰지 않으면 페널티 금액을 내야 하는데, '웜업 또는 경기 도중 부상 시는 이 금액조차 안 내도 된다'는 내용이다. 호날두가 뛴다는 내용은 있지만, 동시에 '페널티'를 내면 안 뛰어도 된다고 명시하고 있다. 게다가 웜업 또는 경기 도중 부상 시에는 그마저도 면제된다. 하지만 이 경기의 프로모터는 이 내용을 가지고서 호날두가 '웜업 또는 경기 도중 부상, 이 2가지 경우를 제외하고는 무조건 45분을 뛴다'라고 왜곡해 언론에 뿌려댔다.

호날두 선수 출전은 계약상 보장된 적이 없다. 애초에 친선전에서 그런 걸 보장한다는 건 우리 업계에서 절대 불가능하다. 프로모터도 당연히 이를 알았겠지만, 돈이 필요한 그의 입장에서는 호날두 출전이 절실했을 것이다. 경기를 열 자기 자본이 없이 진행했으니 타이틀 스폰서가 붙거나 티켓이 팔려야 초청비를 만들어 유벤투스에 대전료도 내고 경기를 열 수 있는데, '호날두 선수 출전'이 없다면 그런 세일즈가 힘들 것이기에 그 유혹을 떨쳐내기 쉽지 않았을 것이다.

'프로모터가 이 경기를 국내에 유치했다'는 말도 생각해보면 웃긴데, 왜냐면 이 경기는 타이틀 스폰서를 구하지 못했기에 구단에 지급된 금액의 상당수가 티켓 판매에서 나왔기 때문이다. 결과적으로 이 경기는 프로모터가 유벤투스를 초청한 게 아니라 한국 축구팬들이 쌈짓돈을 모아 유벤투스를 초청한 셈이다. 결국 프로모터는 한국 축구팬들의 돈을 모아 유럽 축구계에 들어오려는 개인적인 도박을 했다고 볼 수 있다.

노쇼,
얼마면 돼?

'노쇼 사태' 이후 호날두의 불출전에 대한 페널티가 너무 작은 것 아니냐는 지적도 국내에 있었다. 페널티를 얼마로 책정하든 노쇼를 막을 수 없다는 것은 별론으로 하더라도 페널티가 작았던 것은 사실이다. 이 페널티 금액은 벌금 정도지, 실제로 계약 위반에 대한 위약금이라고 볼 수가 없다. 우리 업계에서 계약 위반에 대한 위약금은 보통 계약 금액의 2배, 3배 정도로 책정이 된다. 하지만 이 계약에서는 소정의 금액이었기에, 호날두가 안 뛰어도 계약 위반이 아니라는 데 양측이 모두 동의했다고 봐야 한다. 유벤투스는 페널티를 지불한다면 호날두를 출전 안 시켜도 되고, 게다가 프로모터는 호날두가 뛰지 않으면 유벤투스에 지급한 대전료 일부를 페널티 명목으로 돌려받으니 되려 수익이 늘어난다. 사실상 호날두 선수가 뛰지 않을 때 손해를 보는 것은 티켓을 구매한 팬들뿐이다. 이들은 호날두 선수가 뛴다고 생각하고서 큰돈을 들여 티켓을 샀을 테니 말이다. 이 계약은 호날두 선수가 출전하지 않았을 때의 피해를 티켓을 구매한 소비자에 전가한 불공정하고 치사한 계약이었다.

프로모터는 호날두가 뛰지 않을 경우 페널티가 있는 조항을 넣은 것을 대단한 협상 성과처럼 언론에 얘기하며 사실을 왜곡하려고도 했는데, 특정 선수의 출전 여부에 페널티를 설정하는 것은 업계에서 지극히 통상적인 일이다. 친선전을 할 때 출전 선수들은 저마다 경기 수당을 받게 되는데, 대전료 자체를 애초에 선수별로 지급되는 돈과 안 뛸 경우 구단이 내는 페널티를 모두 감안해 산정한다.

이때 선수 레벨에 따라 금액이 다르게 책정되는데, 친선전 계약에 선수당 설정되는 페널티는 보통 3레벨로 나뉜다. 제일 낮은 레벨에 해당하는 선수는 팀 주전 멤버들이다. 중간 레벨은 3가지 경우가 있는데, 레알 마드리드의 모드리치 같은 팀 주요 선수이거나 토트넘의 손흥민처럼 친선전이 열리는 곳에 특별한 지역적 연고를 가진 선수가 해당된다. 특정 마케팅 요소를 가진 선수, 예를 들어 최근까지 상대

유벤투스와의 친선전은 모든 것이 호날두 중심으로 짜여 있었고, 경기장 안팎에서 사람들의 관심은 호날두에게로 쏠려 있었다. 하지만 호날두가 뛰지 않아도 되는 상황에서 그런 계획은 무모했다.

팀에서 뛰었는데 이적한 뒤 처음 고향 팀을 만나는 선수(예를 들어 라힘 스털링이 맨시티로 이적 후 맨시티가 리버풀과 친선전하는 경우가 이에 해당) 같은 경우도 중간 레벨에 포함될 수 있다. 제일 낮은 레벨에 해당하는 선수들의 출전 의무 페널티는 대전료의 15%까지 설정되고, 두번째 레벨은 보통 15~25%를 설정한다.

35%~50%의 제일 높은 페널티가 설정되는 최고 레벨 선수는 전 세계에 단 2명 있는데 아마 축구팬이라면 누구나 예상할 수 있을 것이다. 리오넬 메시와 크리스티아누 호날두다. 예를 들어 2019년 여름 메시가 부상으로 참여하지 못한 바르셀로나 미국 투어 친선전에 설정된 메시의 출전 의무 페널티는 50%였다. 메시가 뛰지 못해 구단은 프로모터에 대전료의 절반을 돌려줘야 했다.

결론적으로 한국 경기에 호날두 선수 페널티가 매우 적게 설정된 것은 맞다. 아마도 프로모터가 이 일이 처음이라 어느 정도가 업계 통상인지 지식이 없어서 구단을 상대로 협상을 제대로 하지 못했을 것이다.

레드카드의 주인

이른바 빅클럽들의 여름 투어 친선전 대전료는 대략 2백만 달러 내외로 설정되는데, 이에 해당하는 구단은 총 11개이다. 프리미어리그의 아스널·맨시티·맨유·첼시·리버풀 그리고 분데스리가의 바이에른 뮌헨, 라리가에서는 레알 마드리드와 바르셀로나, 그리고 세리에 A에서는 AC밀란·인터밀란 그리고 이번에 문제된 유벤투스가 이에 해당한다. 친선전에서 초청되는 빅클럽은 역사와 전통 그리고 아시아에 두터운 팬층이 있는 구단이어야 하기에 파리 생제르맹이나 토트넘 같은 팀들은 아직 친선전 영역에서 빅클럽으로 분류되지는 않는다.

이 11개의 클럽이 약 2백만 달러 전후의 대전료를 받는데, 예외가 한 구단이 있다. 맨유가 요즘은 '맹구'라고 놀림받기도 하지만, 글로벌 마켓에서만큼은 독보적인 지위를 가지고 있는 구단이라 한 경기에 5백만 달러를 받은 적도 있었다.

유벤투스가 한국 친선전에서 얼마를 받았는지를 밝힐 수는 없으나 일반적으로 책정된 가격보다 많이 받았다. 호날두 선수 페널티는 낮게 설정하고 대전료는 높게 받고, 이 2가지 요소를 합하면 유벤투스의 서울 친선전 수익은 다른 친선전보다 월등히 높았을 것이다. 허나 이것은 유벤투스가 특별히 한국을 등치려고 했다기보단 프로모터가 미숙해 벌어진 일이다. 협상 상대방이 통상 가격을 모르고 협상에 나왔는데, 그 기회를 놓칠 사람이 있겠는가? 프로모터라는 직업, 에이전트라는 직업에 대한 검증조차 없는 한국 시장에서 계속적으로 벌어지고 있는 문제이며, 이 문제를 제대로 개선하지 않으면 앞으로도 같은 일이 반복될 것이다.

다른 건 몰라도 이 프로모터의 용기 하나는 대단해 보이는데, 호날두 측이 얘기하기로는 이 프로모터를 알지도 못하고 얘기도 해본 적이 없다고 한다. 그러니까 이 프로모터는 호날두 측과 아무 교감도 없이 경기 45분 출전에 더해 사인회 등 프로모션 전반을 다 호날두 선수를 메인으로 두고 짜는 대범한 짓을 벌인 것이다. 유벤투스는 수많은 스타플레이어로 구성된 구단이라 그렇게까지 호날두만을 특별 취급하는 경우는 없다. 같은해 서울 경기 전에 뛰었던 싱가포르와 중국에서의 친선전에서도 계약상 호날두 선수의 출전 의무 시간은 25분이었고, 유벤투스의 다른 선수들도 각 15~25분 사이의 출전 의무가 있었다.

그런데 서울 경기에서 프로모터는 무슨 배짱으로 호날두 선수를 개인적으로 알지도 못하면서 45분이라는 의무를 그 홀로 이행할 거라는 기대를 했을까? 친선전 계약의 통상적 기준을 잘 모르니 아마 모든 선수들에 출전 의무 조항을 다양하게 넣을 수 있다는 사실도 몰랐을 수 있지만, 확실한 것은 호날두 선수 측과의 친분을 믿고 강행한 건 아니란 사실이다. 보통 우리 업계에서는 한 프로젝트에도 여러 이해관계가 충돌하는 일이 흔하기 때문에 스타 선수가 그 계약의 성패 여부를 좌우한다면 그 선수를 둘러싼 이런 저런 갈등을 다 풀어줄 수 있는 능력이 되는 곳(예를 들면 선수의 가족이나 에이전트)과의 친분이 필수적이다.

그것이 용기 아니라 사기라는 걸 확신하게 된 것은 경기 당일이었다. 나는 상암 월드컵 경기장으로 이동하는 차 안에서 호날두 선수의 사인회에 100명의 팬이 참석해 호날두를 한 시간 이상 기다렸다는 국내 언론 보도를 보고 정말 놀랐다. 호날두 사인회 취소는 이미 한국 입국 전에 결정된 일이었기 때문이다. 그런데 프로모터는 이를 알리지 않고 100명의 팬이 참석하도록 놔두고 기다리게 한 뒤 취소하면서 언론에 호날두 선수가 경기에 집중하고 싶어 사인회에 참가하지 않을 예정이니 양해해달라는 식의 말을 했다. 이 발언으로 사람들은 그날 저녁 경기에 호날두 선수가 나올 거라는 기대를 계속 가졌다. 하지만 호날두 선수의 불출전과 사인회 취소 모두 이미 정해진 사실이었다. 그럼에도 프로모터는 전혀 몰랐단 듯이 새빨간 거짓말을 한 것이다. 사인회가 호날두 측의 단순 변심으로 막판에 취소됐으며 이를 호날두 측에게서 방금 직접 들은 양 의도한 것도 상당히 악의적이라고 느꼈다.

프로모터는 왜 사인회의 취소도, 호날두의 결장도 몰랐던 척 연기했을까? 우리 업계에 이런 일이 발생할 때 내려오는 법칙이 있다. "상황을 믿지 말고 돈이 흘러 들어간 곳을 믿어라." 이 경우도 유벤투스나 프로모터의 말보다도, 수익의 구조가 어떠한지를 보는 것이 사태의 진실을 파악하는 데 낫다. 그래서 나는 구단이 프로모터를 속인 게 아니고 프로모터가 홀로 짠 사기판에 같이 걸려든 것이라 생각한다. 경기 날까지 호날두 출전을 내세우며 티켓을 팔았고, 그 수익은 100% 프로모터의 몫이었기 때문이다.

이날 경기의 티켓은 경기 시작 4시간 전까지 환불이 가능했다. 그런데 호날두 선수가 나오지 않는다는 것이 미리 알려졌다면 어떻게 됐겠는가? 결장이 경기 전 외부에 새 나가서 사람들이 티켓을 환불해도 구단은 금전적 손실을 보는 게 없다. 허나 프로모터는 다르다. 그 사실을 알고 환불하기 시작하면 큰 손실을 보는 이상, 프로모터는 호날두 선수가 안 뛸 거라는 걸 저 시점에 알았다 하더라도 뛸 거라고 대중을 계속 믿게 할 금전적 동기가 있었다. 따라서 난 그 돈이 절실했던 프로모터 측이 고의로 호날두의 불출전 사실을 숨겼다고 판단했다.

그렇기에 다음날 이 프로모터가 유벤투스 직원과 통화를 하며 자기가 우는 음성 파일을 언론에 흘렸을 때도 소송을 대비해 유리한 녹취를 따기 위한 가짜 눈물이라 봤다. 그 유벤투스 말단 직원은 아마도 여자가 우니까(결국 그 사람도 여성에 친절한 이탈리아 남자 아닌가?) 위로 차원에서 당신 잘못이 아니라고 위로를 해줬지만, 프로모터는 언론에 이를 흘렸을 때 해당 직원이 징계를 받을 것을 충분히 알았을 것이다. 직원은 실제로 그 직원은 경기 직후 사건의 심각성을 인지한 유벤투스가 전 직원과 에이전트들에게 공지한 외부 접촉 금지 및 함구령을 위반했다며 징계를 받았다.

왜 유벤투스는
사과하지 않았나

나는 이 사건에서 굉장히 난처한 중간자로 껴 있었다. 내 프로젝트도 아니기에 초반에 친선전을 하지 말자고 주장한 외에는 이 문제에 끼고 싶지 않았으나 후폭풍이 점점 커지자 유벤투스는 계속 나한테 의견을 물었다.

유벤투스는 사실 경기 당일에는 성공적인 경기였다고 생각하며 뿌듯해했다. 3:3으로 골이 많이 터진 경기였던 데다 관중도 꽉 찬, 구단이 친선전에서 원하는 그런 경기였다. 현장에 온 유벤투스 사람들은 경기 이후 이렇게 비난받을 줄은 상상도 못 했다. 다음날부터 유벤투스 측이 상당히 당황하기 시작했고, 관계자 한 명은 이 사건이 자기 커리어 최악의 사건이라고까지 표현했다.

유럽 사람들은 경기를 볼 때 특정 선수보다는 자기 연고 팀을 응원한다. 반다이크를 좋아하는 리버풀 팬이 반다이크가 맨유나 맨시티로 이적한다고 응원 팀을 맨유나 맨시티로 바꾸지 않지만, 한국 팬들은 선수를 따라 팀을 바꾸는 경우가 많다. 호날두를 과거 레알 마드리드 시절부터 좋아하던 팬들은 호날두가 유벤투스로 옮겨가자 유벤투스를 응원했다. 그래서 그 팬들에게 이 경기는 '유벤투스의 경기'가 아니라 '호날두가 뛰는 경기'였다. 그들에게는 호날두가 뛰는 모습을 보는 게 정말 중요했지만, 유벤투스는 그걸 알지 못했다. 유벤투스는 경기장에 온 한국 사람들 대부분이 팀이 아니라 호날두를 보기 위해 왔다는 걸 이해 못 했다. 유벤투스는 스타 군단이고, 새로 계약한 선수도 데려왔으며, 실제로 스타급 선수들이 대부분 출전했는데, 호날두 한 명 안 뛰었다고 해서 여론이 이렇게 안 좋을 거라고는 전혀 예상치 못했다.

친선전을 하면서 '먹튀'를 계획하는 클럽은 없다. 아시아 한 나라의 팬층을 몽땅 잃는 미친 짓이다. 요즘 유럽 구단들에게 아시아 시장은 너무 중요하다. 그래서 경기 이후 비난이 너무 크자 유벤투스는 당황하며 어떻게 이 상황을 극복할지 나와 논의했다. 친선전을 다시 해서 그때는 호날두를 꼭 출전시킨다던가, 6개월 뒤 한국에 호날두를 데리고 다시 돌아가서 팬 미팅 같은 걸 하는 게 어떠냐 등 의견을 묻기도 했다. 그런데 그때 한국 프로축구연맹에서 사과와 법적 책임을 추궁하는 공개 서신이 왔다.

여기서 일이 꼬이기 시작했다. 한국 팬들의 마음을 되돌리기 위해 노력하는 것과, 노쇼 사태에 대한 법적 책임을 인정하는 것은 엄연히 다른 영역이었기 때문이다. 유벤투스는 지극히 서구적인 사고로 호날두가 안 뛴 부분에 대해서는 프로모터에게 페널티를 지급하는 것으로 이 경기에 책임을 다한 것이며, 계약을 위반한 적은 없다고 생각했다. 게다가 유벤투스는 프로모션이나 티켓 영업에 개입한 적도, 호날두가 뛰는 것을 보장하겠다고 홍보한 적도 없는데, 구단이 이를 사과하면 그건 프로모터가 지고 있는 과장 광고와 사기 등에 대한 혐의의 공범임을 자인하는 꼴이 될 수 있어 쉽게 대응할 일이 아니었다. 법률 검토가 필요했고 그래서 우리는 대책 논의를 거기서 중단했다. 그것이 한국 유벤투스 팬들에게는 유벤투스가 미안한 마음도 없이 뻔뻔하게 구는 것으로 비쳐 한국 팬들을 몽땅 잃을 수 있다는 것은 알았지만 당시로서는 불가피한 판단이었다.(2020년 국내 법원의 판단에 따라 티켓 판매 시 호날두 출연 보장을 약속한 부분에 대한 주최 측 배상 판결이 나왔으니, 결과적으로 당시 결정은 옳았던 것 같다. 이때 구단이 공개 사과를 하는 식으로 프로모터의 과장 광고와 사기에 같이 책임을 지는 입장이 되었다면, 재판에도 같이 휘말렸을 것이다).

모두가 패자, 상처만 남은 친선전

한국 프로축구연맹과 유벤투스 사이

에 주고받은 서신들은 언론에 바로 공개가 되었는데, 원래 이런 일은 외교처럼 물밑 협상을 거친 후 양측이 보도자료를 같이 작성해 대중을 달래고 모두의 체면을 지킬 수 있는 문서로 합의해 발표하는 게 바른 수순이다. 한국 프로축구연맹과 유벤투스가 이런 과정 없이 서신을 공개한 일은 전형에서 벗어난 것이며 가운데서 중재하고 조율할 에이전트의 부재로 일어난 일이다.

통상 때 에이전트인 프로모터가 연맹과의 사이에 대안과 합의를 도출해주고, 팬들을 달랠 수 있는 대화의 창구가 되어주어야 하는데, 이 건은 되려 프로모터 자신이 문제의 중심이기에 그런 걸 기대하기 어려운 상황이었다. 결과적으로 협회도 원하던 사과를 받아내지 못해 면이 깎였고, 유벤투스도 한국 시장을 무시하고 노쇼 사건을 책임지지 않는 것처럼 오해를 사 국내에서 이미지 추락을 면하지 못했다.

결국 벌어진 일을 보면 유벤투스는 한국 팬을 늘리는 계기가 됐어야 할 친선전을 하러 가서는 되려 안티를 엄청나게 늘리고 왔다. 나는 "거 봐, 내 말이 맞았지?"라고 말해주고도 싶었으나, 유벤투스의 상황이 너무나도 참담해서 우리는 이 친선전 얘기를 2019년 여름 이후 서로 입에도 올리지 않고 있다.

계약상 의무나 프로모터의 문제 등과 별개로 호날두 개인의 행동으로 상처받은 국내 팬도 많은데, 중국에서의 친선전과 한국 친선전에서 그가 보인 온도차 때문이기도 했다.

한국 방문 전에 열린 중국 친선전 경기에서는 호날두 선수가 계약은 25분이었는데도 풀타임을 뛰었고, SNS로 중국 팬들에게 인사도 남겼다. 이는 호날두 측이 한국보다 중국을 더 중시했기 때문이라고 보는 것이 맞다. 호날두도 선수 생활 후반기이고 중국 리그도 돈만 보고 가면 막바지에 뛸 가능성이 있는 시장이니 이제 관리해야 한다고 에이전트가 그리 조언했을 것이다.

개인적으로 파악해본 호날두 선수의 해당 사건에 대한 입장은 무관심에 더 가까운 것 같다. '구단이 늦게 말해 보이콧했다' 이 이상의 어떤 사견은 없었다. 어떤 스타 선수가 특정 지역의 팬들에게만 유독 유대감을 가지거나 챙기기는 어렵다. 반대로 어느 특정 지역의 팬들을 잃는다고 해도 자신의 스타로서의 지위가 흔들리지는 않기에 200여 개국 팬들을 일일이 신경 쓰기 힘든 것 같다. 특별히 신경 써야 하는 나라가 되고 싶으면 K리그를 더 키워 스타 선수가 뛸 수 있는 리그로 만들어야 할 것이다.

시장의 성숙을 바라며

정말 중요한 것은 한국이 이런 사건을 다시 겪지 않으려면 어떻게 해야 하는지일 것이다. 먼저 애초에 스타 선수가 메인인 이런 이벤트는 실제로 업계에서 그 선수와 일하는 프로모터를 통해서 진행해야 한다. 그래서 사전에 선수 측 의중도 확인하고, 어떤 의무 조항이 있고, 기타 방해 요소는 없는지 등을 체크할 수 있어야 한다.

이번 경기는 아마추어가 매치 프로모터를 맡은 거 자체가 문제였다. 유럽 축구계는 이런 연유로 보통 무경험자를 잘 들이지 않는다. 유럽에서 열린 친선전이라면 무경험자가 갑자기 대형 경기 프로모터를 맡진 않았을 테지만, 유독 아시아에서만 이런 일이 계속 발생하고 있다. 프로모터와 에이전트의 경력과 실력을 검증 가능할 정도로 에이전트 시장이 발전하지 못했기 때문이다.

이 경기 프로모터의 무능은 참담한 수준이었는데, 당시 "한국 입국 수속을 마치는 데 너무 긴 시간이 걸렸다" "한국 입국심사에서 여권을 일괄 수거해 가는 등 2시간이 넘게 걸렸다"고 유벤투스가 불만을 제기했다는 기사가 나간 뒤 국내 한 언론사에 의해 "유벤투스가 입국심사장에 도착한 시간은 오후 2시 38분이며 선수단 76명 전원에 대한 입국심사를 마치는 데 총 26분이 소요됐다. 여권은 수거한 적 없고, 일반 입국객과 마찬가지로 대면 심사했다"는 법무부 확인이 보도되어 유벤투스 측은 역풍을 맞은 바 있다. 본래 구단이 놀란 건 '인천공항에 착륙해서 공항을 빠져나가기까지 2시간 가까이나 걸렸다'와 '입국 심사가 길더라'라는 2가지 부분이었는데, '입국 심사가 2시간 걸렸다'로 두 얘기가 섞여 와전됨으로써 유벤투스의 이미지가 실추됐다. 이렇게 프로모터는 이 정도 간단한 언론 커뮤니케이션도 풀지 못하고 일을 키울 정도로 무능했다.

유벤투스도 이 경기에 불만이 많았다. 왜 원하던 날짜에 경기를 못하게 되었는가? 왜 당일 지역 기관들의 도움을 받지 못했는가? 이건 프로모터가 그 나라 유관 기관들과 진즉에 풀었어야 하는 일이다. 경기날 오전부터 비가 내렸는데, 프로모터가 날씨를 대비해 상암경기장 배수 시설에 관한 지식은 가지고 그 경기를 준비했는지 의문이다. 비가 그나마 덜 와서 수면에 안 올랐을 뿐이다.

하룻밤 대전료에 판
K리그 자존심

　　　　　　　　　매치 파트너 문제도 그렇다. 경기란 구단 VS 구단, 국대 VS 국대, 올스타 VS 올스타로 대등한 상대끼리 하는 것이지 아무리 빅클럽이라 해도 일개 구단이 한 나라 리그 올스타와 경기를 하는 것은 누가 봐도 부적절하다. 연맹 측은 해당 경기를 허가함으로써 유럽 구단 하나를 상대하기 위해서는 K리그가 대한민국 온 나라 베스트를 다 긁어모아야 한다는 굴욕적인 입장에 서도록 만들었다.

유벤투스 입장에서도 이 경기는 매치 파트너가 부적절했다. 프리 시즌 여름 투어는 장사라 치부되기도 하지만, 시즌 전 선수들의 경기 감각을 유지시켜주기 위한 훈련의 일부이기도 하다. 다른 유럽 강팀들이 다른 프로팀들과 경기를 가질 때 리그 올스타라지만 손발도 맞춰본 적 없는 일회성 이벤트 팀과 무슨 실전 감각을 익힐 수 있나? 프리 시즌 훈련이라는 본래 취지에 맞지 않는 경기였다.

나는 이 사건으로 구단의 모든 비즈니스는 역시 유기적으로 연결되어 있는 생물이라는 생각을 하게 되었다. 우리 업계는 업무가 상당히 세분되어 있어 서로의 영역을 침범하지 않아야 하고, 나는 이 룰을 존중하기 위해 친선전을 할 것이라 결정된 이후부터는 해당 건에 전혀 개입하지 않았다. 순전히 구단 에이전트로 초청받은 입장으로 경기에 참석했을 뿐이었고, 서울에서 예정돼 있던 출장 스케줄도 친선전과는 사업적으로 무관했다. 그렇지만 결과적으로 노쇼 사건으로 여론이 악화된 탓에 경기 날 이후 1주일간 한국에서 진행하려던 유벤투스 사업 관련 미팅은 1곳 빼고 모두 취소당했다.

가장 큰 상처는
팬들이 받았다

나는 친선전 당일 경기장에 도착하는 순간, 호날두 선수의 불출전이 우리가 예상한 수준 이상의 파장을 유벤투스의 모든 사업에 가져올 것이라는 사실을 머리에 한 대 맞은 듯 깨달을 수 있었다. 현장 VIP석에서 내려다본, 호날두 선수 유니폼을 입은 어마어마한 관중들 때문이었다. 그래도 유벤투스인데, 다른 유벤투스 선수들 팬들도 많을 거라고 믿고 싶었는데…. 나는 그 압도적인 호날두 팬 숫자에 소름이 끼쳤다. 호날두 선수가 후반전에도 출전하지 않는다는 사실을 알고 있던 나는 전반적 내내 고심한 끝에 하프타임이 끝나고 내일 일정 핑계를 대며 경기장을 먼저 떠나겠다고 선언했다. 하루가 멀다 하고 피바람이 부는 이 업계에서 지난 7년간 배운 게 있다면 촉이 좋지 않은 현장은 일단 몸을 피해 현장에 있던 일원이 되지 않은 후, 흐름을 관망해야 한다는 것이다. 경기장을 떠나기 직전 친분이 두터운 유벤투스 관계자에게는 나는 이렇게 말했다.

"이 친선전은 내 프로젝트가 아니니까 조언할 의무는 없지만, 이건 업무 범위를 떠나 친구로서 말하는 거야. 유벤투스 들어간 게 너희 할머니를 가장 기쁘게 한 일이라며. 네가 클럽을 단순히 돈 버는 직장 이상으로 얼마나 사랑하는지 아니까 그걸 아는 친구로서 조언하는 거니 잘 들어봐. 너네랑 나는 이 경기에 초청을 받아 왔어. 우린 이 경기의 주인이 아니라 손님일 뿐이잖아. 그런데 이 경기를 연, 사람들을 다 초청한 안주인이 왜 우리랑 지금 VIP석에 같이 있지 않은 거지? 이상하다고 생각해보지 않았어? 손님들을 초대해놓고 왜 주인장이 사라졌는지? 내 생각엔 말이야, 너희 지금 로빈 장한테 엿먹기까지 45분 남은 거 같아. 후반전이 끝나기 전에 로빈 장 현재 위치를 파악하는 게 좋을 거야. 너네는 곧 로빈 장이 기자들과 대화하는 걸 영원히 원치 않게 될 거야."

지금도 충격으로 남아 있는 점은 호날두 선수에 대한 국내 팬들의 애정이었다. 그의 인기는 여러 업계 데이터로 알고 있었다고 생각했는데, 실제로 현장에서 피부로 느낀 한국 팬들의 호날두 사랑은 데이터로는 나타낼 수 없을 만큼 어마어마했다. 어린 아들에 호날두 유니폼을 입혀 데려온 아빠도 상당수 눈에 띄었고, 들뜬 표정의 남자 팬들은 첫사랑과 재회해도 저렇게까지 설렌 표정은 안 나오지 않을까 싶은 얼굴로 경기 시작 전부터 선수 입장 입구 쪽만 바라봤다. 현장에서 본 팬들의 눈빛에 담긴 호날두 선수에 대한 그들의 동경과 사랑은 어떤 보고서로도 설명되지 않는, 현장에서 눈으로 보아야만 느낄 수 있는 것이었다. 그들은 호날두를 정말이지 너무나도 사랑했다. 그래서 그날의 경기는 그들에게 너무 큰 상처를 남겼다.

경기장을 메운 호날두 팬의 숫자와 그들의 열정을 보고 난 이 사건의 파장을 예감할 수 있었다.

한국은 축구팬들이 팬으로서 존중과 대우를 받으며 좋아하는 선수와 교류할 수 있는 정도의 경제력을 갖춘 나라다. 돈을 쓰고도 에이전트 시장의 미숙함으로 그런 대우를 받아야 했던 국내 팬들을 생각하면 안타까운 마음부터 든다. 한국 팬들의 이런 순수한 축구 사랑에 또다시 상처를 주지 않으려면 시장이 성숙할 필요가 있다. 에이전트와 프로모터를 검증하고, 다시는 아마추어들이 축구팬들의 돈으로 도박을 벌이지 못하도록 시스템을 정립해야 한다.

혼란의
한국 에이전트
시장

"내 미래는 앞으로 발굴할 유망주와 함께하는 것이고,
내 관심사는 언제나 유망주를 찾아내 데뷔시키는 거야."

나는 이것이 선수 에이전트의 정체성을
보여주는 발언이라고 생각한다.

한국 축구계는 왜
같은 실수를 반복할까

"한국 축구팬들은 우롱을 당해도 한참 당했다. 최고의 선수들을 데려오고, 반드시 뛰도록 하겠다던 주최 측 약속은 휴지조각이 되고 말았다. 폭염 속에 리그 일정을 소화하고 어려운 발걸음을 하며 경기를 준비했던 K리그 올스타팀 선수들도 마찬가지다. (중략) 이번 이벤트를 주관한 대행사와 프로축구연맹은 한국 축구팬들을 우롱한 잘못을 어떻게 갚을 것인가. 게다가 메시랑 대결한다고 매스컴 앞에서 인터뷰하고 결의를 다지던 우리 선수들은 무슨 꼴이 됐는가?

한국 프로축구에게 2010년 8월 4일은 창피한 날로 영원히 기록될 것 같다."

위의 글은 2009년 바르셀로나와 K리그 올스타팀의 친선전을 하루 앞두고 펩 과르디올라 감독이 메시가 출전하지 않을 것이라 밝히자 나온 신문기사의 내용이다. 그때도 메시의 '30분 출전 보장'을 내세우며 홍보를 했는데, 전날에 이런 소식이 전해지자 이미 티켓을 산 팬들의 불만이 폭주하며 환불 소동이 일었다. 한국 축구가 우롱당했다는 성토의 목소리도 높았다. 비록 그때는 하루 전에 미출전이 알려졌지만, 그리고 소동 끝에 메시는 15분을 뛰었지만, 근본적으로는 2019년의 호날두 노쇼 사건과 다를 바 없는 일이었다. 한국은 이런 일을 겪어도 4장에서 본 바와 같이 2019년 같은 실수를 반복했다. 그 결과 2019년 7월 26일은 정말 한국 프로축구에게 창피한 날로 영원히 기록되고 말았다.

2009년 사건을 계기로 당시 친선전 계약서에 대한 정확한 지식을 갖고, 프로모터라는 직업의 기준을 제대로 세웠다면 2019년 호날두 노쇼 사건은 벌어지지 않았을 것이다. 허나 2019년 이후 한국은 다시는 빅클럽의 특정 선수에 기대는 친선전에 농락당하지 않게 발전했는가?

그렇지 않다. 나는 놀랍게도 2020년 한국에서 또다시 유럽 구단을 초청하는 친선전을 추진하면서 이번에도 특정 선수의 출전 의무를 전제로 논의가 진행되는 모습을 봐야만 했다. 코로나 19로 해당 경기가 취소되기는 했으나 한국은 쳇바퀴 도는 듯 같은 일들을 반복하고 있다.

스포츠 선진국 대열에 들어선 지 오래고, 아시아 대표 축구 리그가 있고, 많은 선수를 해외에 진출시키기도 했으며 다수의 유럽 축구 구단 후원 기업이 있는 국가에서 왜 이런 일이 지속적으로 발생하는 것일까?

내 생각에 이는 에이전트 시장이 낮은 수준에 머물러 있기 때문이다. 프로모터도 에이전트의 일종인데, 외국 구단들과 긴밀하게 소통하고 업계의 통상적 기준과 절차를 숙지해야 친선전 유치 같은 일도 잘 해낼 수 있다. 그러나 유벤투스 친선전을 유치한 로빈 장의 사례에서 봤듯이 이 분야에 대한 경험이 전혀 없는 사람이 한 나라의 리그 전체를 좌지우지하는 이벤트를 주최할 수 있는 게 한국 현실이다. 시장의 검증이 안 된 인물이 그렇게 큰일을 맡을 수 있게 되면서 생기는 피해는, 한국 축구계 전체가 떠안게 된다.

우리나라에 에이전트 시장이 형성되지 않는 이유

스포츠 에이전트라는 직업이 알려진 지도 오래되었지만, 아직도 한국의 많은 사람들은 에이전트를 '쓸데없이' 중간에서 수수료나 받아먹는 존재로 생각한다. 에이전트 업무의 전문성이 인정받지 못하고 있는 것이다.

그렇지만 어느 분야건 규모가 커지면 전문화가 필요해지기 마련이다. 생각해보라. 우리는 법률 문제는 변호사에게 맡기고, 세금 문제는 세무사에게 맡기는 걸 당연하게 여긴다. 그들이 전문가로서 나보다 더 잘 처리해준다는 걸 알기 때문에, 그들이 '쓸데없이' 돈을 받는

다곤 생각하지 않는다. 마찬가지로 에이전트는 계약의 전문가로서 구단과 선수를 대리하는 것이다. 특히 축구 산업처럼 전 세계의 불특정 다수와 다양한 계약이 이루어지는 분야에서는 에이전트의 존재가 필수적이다. 한 스타 선수에게만도 스폰서십 및 광고와 초상권 라이선스 계약이 수십 건씩 얽히고, 구단 전체로 보면 1년에 수백 건의 계약이 새로 맺어진다. 구단들이 수백 명의 에이전트와 거래하고 있는 이유다.

요즘 선수 에이전트는 예전처럼 독점적으로 운영되지 않는다. 지금은 대형 선수가 나오면 이 선수를 둘러싼 이권이 기업화되면서 각 분야를 전담하는 여러 에이전트를 두게 되기 때문이다. 예를 들어 호날두 선수도 구단 이적 부분은 멘데스가 맡고 있고, 상업 계약 부분은 다른 에이전트가 맡고, 여기에 초상권 계약은 별도 에이전시가 운영한다. 이 초상권 에이전시는 또 다른 에이전시들과 독점 또는 협업으로 계약을 체결한다.

이렇게 세계 축구 에이전트계가 세분되고 다각화되어감에도 국내 에이전트 시장은 아직 걸음마 단계에 머물러 있고, 유럽 축구계처럼 높은 수준의 에이전트가 배출되지 못하고 있다. 심지어 에이전트 시장의 시작이라 볼 수 있는 선수 에이전트 시장조차 제대로 형성되어 있지 않다. 개인적으로는 그 이유가 앞서 말한 대로 에이전트라는 직업을 대하는 잘못된 시각이라고 생각한다.

한국 선수들은 이상하게 누군가 자기를 위해 공짜로 일해줄 것이라 기대하는 심리가 있다. 그래서 '축구는 내가 했는데 왜 내 연봉의 몇 %를 에이전트가 가져가지?' 하고 생각하는데, 사실 자기가 잘해서 연봉이 오른 것도 있지만 그 역시도 에이전트가 협상해 받아낸 것이기에 당연히 지불해야 할 대가이다. 유독 아시아 선수들이 그런 면이 있다.

나는 예전에 한 한국 여자 축구 선수와 중개인 계약을 맺은 적이 있다. 유럽에서도 남녀 축구 리그의 상업적 격차는 정말 크다. 그래서 보통 우리 업계에서 여자 선수 대리는 남자 축구 업계에 진입하지 못한 레벨의 에이전트가 하는 일로 여긴다. 나 또한 처음부터 남자 축구 리그의 톱 구단과 일을 시작했기에 여자 축구 선수 대리는 생각해본 적조차 없는 분야였다. 하지만 그 여자 선수가 한인 교회 목사님을 통해 가정 형편이 어려운데 사람들이 여자 축구에 관심이 없어 힘들게 축구 선수 생활을 이어가고 있다고 도움을 호소하기에 중개인이 되어 계약서 협상과 이적 논의에 나서준 것이다.

그런데 나는 이 선수 관련한 협상을 마친 후 그 선수가 구단에 했다는 충격적인 이야기를 전해 들었다. 그 선수는 에이전트 계약을 해지해서 에이전트 없는 상태가 되면, 구단이 에이전트에 줘야 하는 수수료를 자기 연봉에 얹어줄 수 있는지 물었다고 한다. 나는 상식적으로 이해가 가지 않아 그 선수에게 물었다.

"○○야, 구단한테 내 수수료 너 달라고 했어?"

"언니, 돈 받아야 해요?"

"그게 무슨 소리야, 너랑 나랑 에이전트 계약서가 있고, 내가 협상도 했는데."

"언니가 그냥 좋아서 한 일 아니었어요?"

나는 저 황당한 소리에 할 말을 잃었다. 에이전트가 무료로 봉사해주길 원하는 이런 시각은 굉장히 근시안적이다. 선수에 정당한 대가를 지불하고, 그에 따른 성과로 에이전트들이 경쟁하는 구조가 만들어져야 에이전트 시장도 성장하고, 선수도 그로 인해 더 성장하는 것인데, 수수료를 아까워하는 태도로 에이전트와 관계를 맺어가면 어떤 좋은 에이전트가 그 선수와 같이 성장하고 싶어할까?

국내 축구인들이
에이전트를 보는 편견

국내 리그 사무국이나 구단이 에이전트를 보는 시각도 에이전트 시장의 성장에 큰 도움이 안 된다. 에이전트와 협업할 때 '잘되면 우리 공, 잘못되면 모두 에이전트가 탓'이라며 접근하는 태도를 자주 보이는데, 이는 시장 발전에 도움이 안 된다. 유럽 축구계의 불문율은 '클럽 하우스 안에서 일어난 일은 그 안에서만 머물러야 한다What happens in the club house, stays at the club house'이다. 한배를 탄 이들끼리는 잘못되더라도 공개적으로 서로 탓하지 않는다는 게 업계의 룰이고, 이 때문에 유벤투스도 호날두 노쇼 사건 당시 프로모터를 공개적으로 비난하지 않았다.

에이전트 선정에 만전을 기하고, 검증하는 절차를 거친 이상 같이 일하며 벌어진 결과가 나쁘다고 해서 에이전트를 공개적으로 구단이 비난하는 일은 없고, 에이전트도 구단에 대해 왈가왈부하지 않는다. 일이 잘 안 풀렸을 때 뒤집어씌우는 용도로 에이전트를 쓰거나 꼬리

자르기에 용이하기에 쓰는 국내 분위기는 에이전트 시장이 건강하게 형성되고 발전하는 데 도움이 되지 않는다.

A급 선수와 C급 에이전트를 합치면 결국 B급이 된다

에이전트 시장이 자리 잡지 못하면서 가장 큰 피해를 보는 것은 선수들이다. 한국에서는 우리가 자주 봤듯이 가족(주로 아버지)이 사실상 의사결정 권한을 가지고 선수 에이전트까지 겸하거나, 한국 특유의 '형, 동생 문화'에 기반해 선수 자신이나 아버지의 친구 내지는 친한 형, 동생 관계인 사람들이 사적 친분만을 배경으로 에이전트를 맡는 경우가 많다. 이는 한국 에이전트 시장을 아마추어들이 끌어가는 형편없는 수준으로 만들었고, 결과적으로 시장에 사기꾼이 판을 치는 것을 막지 못해 결국 선수 성장에도 큰 피해를 주고 있다.

대표적인 예로 EPL에 진출한 대표 한국 선수를 10년 가까이 돌봤던 전(前) 에이전트는 영국에서 유학원을 운영하던 중년 남성으로, 유럽 축구계에 아무 경력이 없는 사람이었으나 선수 가족과 친분을 쌓아 선수를 대리했다.

선수 커리어 관리에서도 타당한 연봉 인상이나 이적 논의도 제대로 이루어지지 않았음은 물론이고, 그 선수를 등에 업고서 스폰서와 방송사, 사업 관계자들에게 갑질로 일관해 해당 선수 측과 함께 일하는 것이 힘들다고 호소하는 사람들이 10년간 즐비했다. 그 에이전트는 자신이 요구하는 모든 일을 선수 본인 또는 가족의 의사라고 주장했기에 그 선수와 선수 가족에 대한 오해도 업계에 파다했다.

10여 년간 수준 이하의 매니지먼트를 받으며 축구를 해야 했던 그 선수를 생각하면 안타깝다. 업계의 구단과 에이전트들은 이를 가리켜 "A급 선수와 C급 에이전트, 이 둘을 합치면 결국 B급이 되지"라고 얘기하곤 했다.

그 선수가 빅클럽에서의 커리어 기회를 부당하게 놓쳐온 만큼 이제라도 전문성 있는 에이전트를 만나 더 날아오르길 바란다.

자격 미달의 에이전트들이
맡고 있는 한국 선수들

보통 에이전트가 자기 나라의 유소년을 발굴하고, 키우고, 선수는 자신을 열심히 발전시켜 결국 유럽에 진출하는 게 에이전트와 선수의 가장 이상적인 관계인데, 한국 선수들은 국내에서 이런 과정 없이 유럽에 오게 되는 탓에 유럽에서 에이전트를 처음 구해야 하는 상황에 놓이는 경우가 많다(국내 에이전트와 대리인 관계를 유지해도 그 에이전트가 유럽 축구계를 모르니 그것 또한 문제다). 유럽에서의 커넥션이 약했던 한국 선수 입장에서는 단순히 구단이 소개해준 에이전트, 또는 자기에게 접근해 호의를 베풀던 사람과 계약하는 실수를 하는 경우가 있다. 이렇게 국내 에이전트 시장이 성장하지 못한 탓에 자신의 재능만으로 유럽 진출에 성공한 한국 선수들도 커리어에서 큰 손해를 본다.

단적인 사례로 스페인에서 뛰고 있는 모 한국 유망주 선수의 에이전트를 들 수 있다. 그는 해당 구단 수비수 출신인데, 애초에 구단은 이 에이전트가 멍청하고 경험이 없어서 유망주 선수의 에이전트로 붙여주었다. 그 유망주를 다른 구단에 뺏기기 싫었기 때문이다. 그래서 구단이 쉽게 조종할 수 있는 에이전트에게 관리를 맡긴 것이다. 그래도 과거엔 이 에이전트가 적어도 한 에이전시에 소속이 되어 있어서 회사 안에서의 보호라도 기대할 수 있었는데, 욕심이 생긴 그 에이전트가 선수를 데리고 회사를 나가버리면서 문제가 더 커졌다.

현재 이 에이전트는 회사의 실체도, 정확히 보유한 선수도, 매니지먼트의 구조도 투명하지 않은 상태로 이 선수를 대리하고 있다. 구단은 이제서야 후회하는 듯하다. 이 유망주의 상업적 가치가 상상 이상으로 커져 상업적 활용도 에이전트가 같이 논의할 필요가 있고, 향후 적절한 시점에 이적을 하게 되더라도 높은 이적료를 받아내는 데 에이전트가 기여할 수 있어야 하는데, 이런 논의와 계약 과정을 이해나 할 수 있는지 에이전트의 능력을 믿지 못하기 때문이다.

나는 그 에이전트가 영어를 못 한다는 점이 굉장히 충격이었다. 이 유망주가 이적할 가능성이 있는 구단으로 주로 스페인 구단만 한정되어 언급되는 이유도 이 때문이라고 본다. 영어를 못 하는 에이전트 때문에 이적, 상업 계약 등 많은 면에서 선수가 기회를 잃고 있는 것은 분명하다. 그 에이전트는 이 선수의 상업 계약 대리권을 갖고 있지 않다고 하는데, 상업 계약 관련 계약서를 가족이나 선수 측 동의도 없이 사인해 깜짝 놀라기도 했다.

애초에 한국에 에이전트 시장이 제대로 형성되어 있다면 해외 진출을 시도할 때 선수가 경쟁력 있는 에이전트들과만 교류하게 되는 구조가 만들어지고, 당연히 A급 선수는 A급 에이전트가 대리하게 된다. 그러나 한국은 현재 A급 에이전트가 전무한 하향 평준화된 상태고, 선수 에이전트 시장이 있다고 얘기하기도 부끄러운 수준이다. 유럽 리그에서 활약하는 A급 선수를 다수 배출한 것과 비교해볼 때 매우 불균형적인 일이다. 흡사 사기꾼 같은 이상한 사람들이 에이전트 행세를 하는 것이 한국 상황이다. 작년에 한국 축구계를 시끄럽게 했던 한 사건이 대표적이다.

작년 여름 김민재 선수의 유럽 이적 협상을 유럽 구단 측 위임을 받아 협상했던 사람이라며 언론 인터뷰로 협상 과정을 공개하며 논란을 일으킨 사람이 있었다. 그런데 이적 논의가 대중의 이해를 구하는 과정이 아니기에 성사건 실패건 협상에 대해 언론과 인터뷰를 한다는 건 불필요하고, 업무 기밀상 해서는 안 될 일이다. 실제로 구단과 정식 위임 계약 관계에 있는 사람이었다면 비밀 유지 의무 조항으로 외부 인터뷰 자체가 금지된다. 난 해당 구단의 에이전트로 벌써 6년째 일하고 있지만, 구단은 해당 선수 건에 그런 위임을 한 바 없다.

이상하게 아시아에서만, 특히 한국에서, 유독 이런 업계의 상식과 맞지 않는 대리관계를 주장하는 사람들이 있는데, 이로 인한 피해는 오롯이 선수가 입고 있다. 해당 인터뷰에서도 유럽 구단이 센터백 포지션인 김민재 선수의 영입을 고려하는 이유는, 이미 그 구단에서 윙포워드로 뛰고 있는 손흥민의 수비 부담을 덜어주기 위해서라며, 축구 전술과 맞지도 않는 황당한 발언을 했다. 이미 월드클래스급 센터백으로 성장 중인 김민재 선수가 포지션도 다른 선수를 백업하러 끼워 팔리는 선수인 양 부당하게 평가절하당한 것이다.

구단들은 이런 일들이 있을 때 일일이 대응하고 발표하는 것을 꺼린다. 자신의 대리권이나 업무를 지어내고 과장하며 자기를 과시해 유명세를 노리는 아시아인들이 너무 많아 일일이 이를 다투는 것은 구단도 같이 격이 떨어지는 일이기 때문이다. 다만, 업계에 진출한 아시아인들이 많지 않은 이유 중 일부에는 분명 이런 몰상식한 언행을 일삼는 아시아인들에 대한 업계의 불신이 존재한다. 한국도 이 부분에서 이미 상당한 정도의 불명예를 얻고 있다. 한국 사람들의 활발한 유럽 축구계 진출을 희망한다면 개선되어야 할 부분이다.

선수 에이전트라면
유망주 발굴부터

에이전트 시장이 선수와 함께 발전하는 데 가장 이상적인 형태는 유럽 내 인맥을 갖춘 에이전트가 다수 배출되고, 그 에이전트들이 국내 유망주를 발굴하는 구조가 형성되는 것이다.

한국은 이미 재능을 인정받은 선수들에게 친분을 내세워 접근해 대리권을 따내는 것이 그나마 존재하는 에이전트 시장의 모습인데, 이는 유망주 발굴이라는 에이전트의 최우선 과제를 망각하고 유망주의 유럽 진출에 기여하지 못하는 사람들이 스스로 성장한 선수에게 빨대를 꽂는 부끄러운 짓이다.

에이전트를 꿈꾸는 대부분의 사람들이 구단 에이전트보다는 아마도 선수 에이전트가 되기를 희망하고 있을 텐데, 본디 선수 에이전트란 유망주 발굴이 그 자신을 정의하는 일이며, 거기서부터 시작하여 발굴한 유망주가 자신의 클라이언트이자 자산이 된다.

나는 현재 유럽 축구계에서 가장 높은 수익을 올리고 있는 모 슈퍼 에이전트에게 우스갯소리로 이런 질문을 한 적이 있다.

"어이, 백만장자, 너처럼 ○○○ 정도급 선수 대리하면 모닝 똥 여부까지 직접 확인해야 한단 말이 사실이야?"

"하하하, 누가 그런 소릴 해. 사람들이 하는 말 다 믿지 마. 난 사실 개한테 관심 없어."

유럽에서 가장 몸값이 높은 스타 중 한 명을 대리하고 있는데 관심이 없다니 이게 무슨 소리인가.

"그 선수는 이미 완성형이고, 곧 은퇴할 거라 이제 내가 관심을 둘 이유가 없지. 내 미래는 앞으로 발굴할 유망주와 함께하는 것이고, 내 관심사는 언제나 유망주를 찾아내 데뷔시키는 거야."

나는 이것이 선수 에이전트의 정체성을 보여주는 발언이라고 생각한다. 스타 선수에 기대 우연히 한 번 대리권을 얻은 자를 슈퍼 에이전트라 칭하지 않는다. 업계 사람들은 계속해서 스타급 유망주를 발굴해낸 에이전트를 인정한다. 자신의 선수 에이전트 커리어를 생각한다면 유망주 발굴을 멈추지 말아야 한다. 한국은 그 중요성이 너무 과소평가되어 있다.

한국에 현재 '난 에이전트가 되는 것이 꿈이다'라고 생각하는 사람 중에 초·중·고등학교에 스카우트를 보내 유망주에 대한 전문 보고서를 받아본 사람이 있기나 할까? 유소년 경기를 찾아다니며 눈으로 확인해 분석해보는 사람이 있기나 할까? 직업적인 선수 에이전트 커리어는 거기에서 시작된다.

프로젝트명 −'탤런트 팩토리'

나는 유럽 축구계에서 일하며 한국에 재능 있는 유소년 선수가 많음에도 에이전트 시장이 후진국에 머물러 있어 이들을 유럽으로 이끌어줄 에이전트도 루트도 없는 것을 안타깝게 여겨왔다. 단기간 내에 국내 에이전트 시장이 성장하는 것은 현실적으로 기대하기 어렵기에 일단은 구단들과의 내 인적 네트워크 안에서 할 수 있는 일을 하고자, 작년에 우리 에이전시에서 유럽 주요 3개 빅클럽(레알 마드리드, AC밀란, 맨체스터 시티)과 함께하는 유소년 선수 육성 프로그램을 런칭했다. 유럽 3대 축구 리그 최고의 팀들과 유소년 파트너십을 독점 체결해 1군 및 아카데미 선수들이 사용하는 트레이닝센터에서 구단 코치진에게 직접 훈련받는 기회를 제공하는 프로그램이다. 빅클럽 코치진들에게 자기가 뛰는 모습을 잠깐이라도 직접 보여주고 평가받고 싶은, 그래서 결과적으로 유럽 진출의 계기가 되기를 희망하는 선수들에게 좋은 기회가 되리라 생각한다. 18세 미만 유

　내가 운영하고 있는 C&P(카탈리나&파트너스)스포츠는 2019년 '탤런트 팩토리' 라는 프로그램을 런칭했다. 유럽 진출을 희망하는 유망주들에게 유럽 빅클럽들의 트레이닝 센터에서 현지 코치들에게 훈련받는 기회를 제공하는 프로그램이다.

망주들의 이적을 금지하는 FIFA 규정 19조 '선수의 지위와 이적에 관한 규정' 때문에 미성년자 선수의 이적을 위한 트라이얼이나 중개행위를 바로 진행하기는 어렵겠지만, 적어도 유소년 때 이런 프로그램을 통해 좋은 선수가 발굴되는 계기가 되어 성년이 된 후 내 개인적인 유럽 축구계 인맥을 통해서라도 유럽진출을 도와주고자 한다.

또한 나는 EPL의 토트넘에서 톱클래스 미드필더로 활약했지만, 세리에A의 AC밀란으로 이적한 후 리그 적응 실패로 벤치 신세가 된 에릭센 선수처럼, 자신의 플레이 스타일과 맞지 않는 팀이나 리그로 옮긴 후 선수 커리어에 큰 타격을 입는 경우를 종종 보았다. 우리 프로그램처럼 유소년 시기에 3개 리그 축구 스타일을 경험하는 훈련은 성장 후 프로로 데뷔하기 전 자신의 축구 스타일에 맞는 리그를 파악한다는 장점이 있다.

다만 나는 이런 프로그램이 어디까지나 임시방편이기를 바란다. 궁극적으로는 국내 에이전트 시장이 선진화되고, A급 에이전트를 다수 양성하여 경쟁력 있는 시장으로 자리 잡기를 소망한다.

제 6 장

레알 마드리드 아카데미 한국 정착기

" 서울로 돌아온 난 레알마드리드 측에
바로 통화를 했다.
"나 지금 한국인데 여기서 성공할 수 있는
너희 아카데미 모델을 찾았어." "

우리는 물건이 아닌 사람을 다루는 세계에 있고,
스타 선수도 누구나 매년 나이를 먹는다. 세대를 이어갈
유소년 발굴은 이 업계에 종사하는 사람들이라면
마땅히 가져야 할 소명이자 바람이다

유소년 육성 사업
성공 모델을 찾다

　　　　　　　"대표님, 제가 아는 사람의 집안이 축구팀이 있는 대안학교를 운영하는데 대표님과 나눌 얘기가 많을 것 같아요. 한국에 계실 때 두 분 한번 만나 보시는 것 어때요?"

　외국에 살고, 축구 에이전트로 일하다 보니 휴가로 한국에 왔을 때 주변에 나를 소개를 하고 싶다는 사람들을 자주 접하게 된다. 어떤 경우는 분명한 비즈니스 주제가 있는 경우도 있지만, 유럽 축구를 좋아하는 지인이 유럽 축구계 얘기를 듣고 싶어 소개를 부탁해 전달한 경우도 종종 있다. 사실 나는 저때도 후자라는 생각을 했지만 예의상 만남에 응했는데, 미팅에 온 담당자에게서 축구팀에 대한 진솔한 모습이 보였고, 그래서 이 학교에 대한 구체적인 정보가 궁금해졌다.

우리 업계에서 눈으로 보는 것보다 강한 증거는 없다. 우리는 선수든 구단이든 기업이든 학교든 관심이 생기면 일단 무조건 방문을 한다. 우리는 이를 '실사'라고 부르는데 일부 축구 산업이 덜 발전한 국가에서는 이를 계약의 성사 단계에서 하는 경우가 많아 실사를 나가는 것이 계약이 임박한 것으로 언론에 잘못 보도가 나가는 경우가 있다. 그러나 사실 이는 논의도 시작하기 전 최소의 관심이 생긴 대상의 실체 확인 정도이다.

나는 실사에서 이 학교가 학교재단기금으로 축구팀이 운영된다는 사실과 기숙학교라는 사실, 외국으로 진학하는 국제학교라는 사실, 학교 내 축구장을 소유하고 있고, 학교 재단 안에 초·중·고등학교 연령대 팀을 모두 갖고 있다는 사실을 파악한 뒤 갑자기 심장이 뛰기 시작했다.

이전부터 어렴풋이 생각해온 유소년 육성 사업을 구체화시킬 수 있는 좋은 기회라는 생각이 들었기 때문이다. 서울로 돌아온 난 레알 마드리드 측에 바로 통화를 했다.

"나 지금 한국인데 여기서 성공할 수 있는 너희 아카데미 모델을 찾았어."

그렇게 우리는 국내 글로벌선진학교와의 레알 마드리드 한국 아카데미 설립 추진에 들어갔다.

축구 사교육의 왕국, 유럽

　　　　　　　유럽 구단들의 유소년 육성 사업에 대한 열정은, 한국 부모들의 자식 교육 저리 가라다. 나는 유럽 명문 구단들의 유소년 시설들 중 레알 마드리드와 맨시티 시설을 가장 인상 깊게 보았다. 맨시티 유소년 시설은 맨시티 에티하드 구장 바로 옆에 자리 잡고 있는데 그 사이 다리 중앙에 서서 소개를 맡은 맨시티 수뇌부는 이렇게 말했다. "카탈리나, 왼쪽(맨시티 홈구장 에티하드 스타디움)은 우리의 현재, 오른쪽(맨시티 유소년 시설)은 우리의 미래야. 여기서부턴 우리의 미래를 보여줄게." 이렇듯, 아카데미는 구단의 미래를 상징한다(허나, 이것은 선수를 직접 육성할 실력을 갖췄느냐가 돈 주고 좋은 선수를 영입만 하는 장사꾼을 넘어서 제대로 된 축구 철학을 지닌 팀인지를 보여주기 때문이지, 아카데미 선수들을 반드시 1군으로 올릴 것이라는 뜻은 아니다. 이에 대해서는 후술하겠다).

　레알 마드리드 아카데미팀과의 미팅에서는 아카데미를 단순 사업이 아닌 일종의 사명으로 느끼고 있는 한 명 한 명의 직원들에 큰 감동을 받았다. 나 역시 아카데미 사업에 뜻이 있었지만, 아카데미 프로젝트는 최소 10년 이상을 기다려 우리가 키운 유망주가 성년이 되어 데뷔하는 모습을 볼 때 비로소 빛을 보는 사업이라, 아무 구단과 하고 싶지는 않았다. 유소년 사업은 에이전트로서 나에게도 결국 내 미래이자 내가 업계에서 배운 역량을 총동원하는 장기 프로젝트가 될 것이기 때문이다.

유럽에서 운영중인 레알 마드리드 아카데미의 모습. 유럽 구단들은 재능 있는 유소년들을 발굴하기 위해 많은 노력을 기울이고 있다.

난다 긴다 하는 유럽 축구
아카데미의 무덤, 한국

나는 레알 마드리드나 맨시티의 아카데미라면 꼭 해보리라 생각했지만, 그 아카데미를 한국에 만들 생각은 해본 적이 없었다. 이제껏 한국에서는 유럽 클럽 아카데미가 주로 시/도 예산에 기생하는 것을 기본으로 해서 선거용으로 써먹으려는 시장님의 입맛에 맞춰 만들어진 후 선거 후 팽당하거나, 빅클럽의 아카데미 철학과 유소년 정책에 대한 이해가 없는 개인투자자의 축구교실 홍보용 이름팔이로 이용돼왔기 때문이다. 아카데미는 유소년이 크는 과정을 기다려줘야 하는 장기사업인데 이런 식의 설립은 아무 의미가 없다. 게다가 무엇보다 졸업 후 아카데미 출신들을 유럽에 진출시켜줄 네트워크를 아카데미 운영 구단 측에만 의존하는 것은 선수의 미래를 생각할 때 미친 짓이다.

왜 그런지를 이해하려면 구단의 1군 팀과 그 아카데미의 관계성에 대한 이해가 필요하다.

영국 축구협회 유망주발굴 부서 책임자Head of Talent Identification로 일했던 리처드 알렌에 의하면 9살 이전에 영국 프리미어리그 구단 아카데미에 입성한 선수들 중 0.5%만이 1군까지 무사히 진입한다고 한다. 한국은 유소년 때 선수로서의 진로와 취미의 중간에서 축구팀에 소속되어 있는 선수들도 있기에 크면서 진로를 바꾼 애들이 많지 않겠냐고 할지 몰라도, 영국은 9살 이전 구단 아카데미에 들어온 아이는 도중에 부상을 당하는 게 아닌 이상 프로 축구 선수가 되는 것만을 목표로 성장한다. 때문에 이 수치는 어느 구단의 아카데미에 적을 두고 있다는 것이 절대 그 구단의 1군에 들어가는 것을 보장해주지 않는다는 사실을 대표적으로 보여준다. 그리고 구단은 이 판단을 이 선수가 성년이 되기도 이전 상당히 일찍 내린다. 유럽 유소년 축구 철학의 관점에서 10대 후반은 이미 더 이상의 기술 발전이 어려운 나이이기 때문이다. 수백 명의 나머지 선수들의 각자의 길을 찾아야 한다.

냉혹한 유럽 축구 아카데미의 세계

　　　　　　　　아카데미 얘기를 하자면 이승우 선수와 이강인 선수 얘기를 빼놓을 수가 없겠다. 한때 이승우 선수에 대한 한국 언론의 과대 포장과 바르셀로나 1군에 대한 희망 고문 등이 몇 년째 이어졌는데, 나는 그걸 유럽에서 지켜보며 매우 황당했다.

　수년 전 발렌시아 구단 사람들과 미팅할 때 발렌시아 아카데미에 있는 이강인 선수에 대해 구단 디렉터가 이런 얘기를 한 적이 있다. "이강인 선수 취재 요청이 무수히 많지만, 거의 승인해주지 않는다. 언론과 접촉이 잦아지면 외부에 너무 일찍 노출되고, 그럼 이강인 선수를 빅클럽들이 쫓기 시작해 뺏길 가능성이 커진다. 우리는 이를 미연에 막고자 한다"라고.

　개인적인 호기심에 이강인 선수의 실력에 관해 물어보자 "우리 아카데미의 최고 선수라 할 수는 없지만, 톱3 안에는 들어"라는 상당히 높은 평가를 했다. 앞선 이야기와 조합하면 발렌시아는 이강인 선수를 미래의 발렌시아 1군 자원으로 고려하고 있다고 판단됐다.

이에 반해 이승우 선수에 대해서는 얼마나 수많은 취재가 허락되었는지 모두 알지 않는가? 바르셀로나가 발렌시아보다 자기 선수들을 보호하려는 의식이 약해서 그렇게 선수를 노출시켜 다른 구단들이 접근할 수 있도록 했겠나? 바르셀로나는 이승우 선수를 바르셀로나 1군으로 보낼 생각이 수년 전부터 전혀 없었다. 오히려 아주 적극적으로 세일즈를 했다고 보는 게 맞다. 외국인 쿼터가 있어서? 귀화를 안 해서? 이승우 선수가 필요하다면 간단히 외국인 선수 쿼터를 이승우한테 썼으면 되는 거 아닌가. 귀화 얘기도 자기들 편하자고 하는 얘기다. 다른 구단에 팔려고 해도 귀화를 해야 잘 팔리고, 아카데미 선수라도 귀화를 하는 게 구단에 편하고, 비용도 적게 든다.

바르셀로나도 물론 이승우 선수에게 애정이 있었을 것이다. 우리가 가르친 학생이니 나가서 잘되었으면 좋겠다, 하는 마음. 이는 모든 구단이 자기네 아카데미 출신에 가지고 있는 마음이다. 바이백 조항을 근거로 차후 바르셀로나에 이승우 선수를 다시 사오고 싶다는 의지가 있는 것처럼 말하는 기사도 봤다. 그런 의지가 있으면 계속 데리고 있는 게 더 쉬운 일 아닌가? 바르셀로나가 급전이 필요한가 아니면 20억이 꼭 필요한 구단인가? 전혀 아니다. 우리나라 언론에서 마치 바르셀로나 1군으로 다시 돌아올 수 있는 임대라도 되는 양 묘사했는데, 이승우 선수 이적은 임대 계약이 엄연히 아니었으며, 바이백 조항은 구단으로서는 안 넣으면 바보고, 넣어서 손해 볼 게 없는데(잭팟이 터질지 모르는 거니까) 왜 안 넣겠나?

구단 축구 디렉터나 수뇌부들의 의견, 마켓 스카우터들 의견을 종합해보아도 이승우 선수는 바르셀로나에서 중점적으로 키우는 선수라고는 결코 할 수 없었다. "관심을 접은 지 5년도 지났다. 크면서 기술 발전이 없었고 특별할 게 없는 선수라 생각한다"라는 냉혹한 평가까지 있었다.

이승우 선수는 바르셀로나 '학교'를 다닌 선수이고, 프로로서의 커리어는 현재 냉정하게 말해 B급 리그 선수이다. 그나마 다닌 학교가 세일즈를 잘하고 커넥션이 좋아서 '면접' 기회가 많았고, 작으나마 유럽 1부 리그에 있는 팀에서 커리어를 시작할 수 있는 좋은 기회를 얻었다. 진짜 걱정해야 할 것은 바르셀로나 아카데미에서 애정을 가지고 적극적으로 세일즈를 해줬을 때 갈 수 있던 팀이 베로나였고, 이후의 커리어는 홀로서기를 해야 한다는 점이다. 이승우 선수가 바르셀로나 아카데미를 다니던 시절 과연 이에 대한 철저한 대비를 했었는지 궁금하다. 대부분 구단 아카데미에 소속된 선수들은 그 구단에 앞날을 맡기고 구단과의 관계에 자기 미래를 의지하는데, 이는 잘못된 생각이다.

이 학교, 취업률이
얼마나 되나요?

나는 그래서 아카데미를 설립하려면 다음 4가지가 필요하다고 판단했다. 첫째, 함께 하는 구단(이를테면 레알 마드리드나 맨시티)의 관심을 꾸준히 유지하면서 다른 구단들에도 우리 선수들을 꾸준히 노출시킬 방법 확보. 둘째, 자본을 독립적으로 유지. 셋째, 유소년 선수들 부모의 개입을 막아 감독/코치진의 독립성 유지. 넷째, 고등학교 졸업과 동시에 구단을 바로 구하지 못한 선수들을 위한 플랜B의 확보.

자본의 독립성은 필수적이다. 기업이나 정부 예산에 기대지 않고 아카데미를 매년 안정적으로 운영할 자금 확보가 중요하다. 그렇지 않으면 기업이나 정부에서 예산을 철회하는 순간 아카데미의 운명은 끝나기 때문이다.

부모가 훈련에 개입하면 유소년 선수가 전문적인 트레이닝을 받는 데 해가 되기 때문에, 유럽 빅클럽 아카데미는 공개 참관일 같은 특별한 날을 제외하고는 부모라 해도 훈련은 볼 수 없다. 그러나 한국의 유소년 팀들은 등하교를 하는 학교 축구팀이나 방과후 축구교실로 운영되고 있어 이런 시스템을 구축하기가 어렵다. 이런 환경에서는 훈련에 부모가 쉽게 개입하게 된다.

플랜B를 마련하는 것도 국내 축구계 현실을 고려할 때 중요했다. 한국 유소년 선수들은 유럽에 다녀오거나 유럽 진출을 시도하려는 모습이 보이면, 유소년 지도자들로부터 '저 ○○는 유럽병 들었다'며 차별과 불이익을 받는데, 대학에 축구로 진학하거나 청소년대표 등에 뽑히려면 지도자들의 평가가 절대적이라 국내 외국 구단 아카데미를 보내는 것에 대해 학부모들의 불안감이 전반적으로 컸다. 예를 들어 5장에서 언급한 우리 회사 유럽 현지 트레이닝 프로그램에 대해 학부모들과 얘기를 나누면, 그들은 이런 얘기를 했다.

"맨시티, 레알 마드리드, AC밀란에서 각 2주씩 6주를 보내는 방학이라니… 저희 애는 얘기만 꺼내도 너무 좋아서 기절할 거예요. 그런데 그렇게 세 나라에 있는 동안 운이 좋아 코치들 눈에도 띄고 오퍼도 받고 그럼 너무 좋지만, 혹시 아무 오퍼도 못 받고 돌아오게 됐을 때가 걱정돼서요. 학교 감독님이 얘가 유럽 다녀왔다고 괘씸해서 팀에서 제외해버리면, 유럽에도, 한국에서도 팀에 못 들어가면 우리 애는 그땐 축구를 어디서 해야 하나요?"

내가 살펴본 대안학교의 시스템은 이런 요건들을 해결해줄 수 있었다. 학교재단 자금으로 축구팀이 운영되니 자본이 독립적이었고, 기숙학교라 부모의 개입도 최소화할 수 있었다. 그리고 국제학교면 유럽진출을 도모한다고 한국에서 차별을 받을 일도 없고, 당장의 프로구단 오퍼가 없어도 졸업 후 외국 대학 팀이나 현지 아카데미에 적을 두는 길도 마련할 수 있을 것 같았다.

허나 내가 최적이라 생각한 요소들은 유소년들 입장에서 기존의 어려움을 해결해준 것이지 유럽 구단 입장에서 한국에 진출할 때 겪는 문제점들을 해결해주는 요소들은 아니었다. 내 제안을 들은 레알 측은 바로 반박했다.

"그렇지만 카탈리나, 보나마나 한국 아카데미 파트너가 '졸업 후 레알 마드리드 이적 보장!' 같은 허위·과대 광고할 테지, 구단 로고 함부로 쓸 테지, 레알 이름 허가 안 받고 이런저런 프로모션에만 이용할 테지, 실력 보고 뽑지 않고 트라이얼도 안 본 누구 아들들로 아카데미 채울 테지, 레알 선수들 방문해달라는 때나 쓸 테지, 선수는 하나도 발굴도 못 하고 홍보에만 이리저리 쓰이다 갑자기 무슨 학원 문 닫듯 '다음달부터 종료' 이러면서 흐지부지되겠지… 한국에서 다른 빅클럽들이 아카데미 할 때마다 이랬다고. 한국에서 아카데미가 제대로 되겠어?"

나는 그래도 확신을 가지고 밀어붙였다.

"너가 얘기하는 문제들은 아카데미를 여는 데 장애물이 아니라 연 뒤에 로컬 에이전트가 관리하는 사안들 아냐? 내 일은 내가 알아서 할게."

잠시 정적이 흘렀다.

"네가 그렇게까지 말한다면, 아카데미 설립 모델 자체만 놓고 볼 땐 최고일 거 같아. 그럼 운영은 너 믿고 갈테니 한번 해보자."

이후 레알 측과 아카데미 설립에 대한 논의는 급물살을 탔다. 나는 아카데미의 안정적 운영과 재능 있는 유소년 선수들의 유럽 진출을 위해 필요한 제반 사항들을 같이 준비하기 시작했다.

레알 마드리드 아카데미, 한국에 오다

　　　　　　먼저 자본의 독립성을 유지하기 위해, 이 학교의 축구팀이 위치한 지역 정치인과의 소개를 거절했다. 그럴 경우 예산에 일부 시·도 예산의 지원을 받을지 몰라도 마치 해당 시·도 차원에서 이 아카데미를 해외에서 유치한 것처럼 정치적으로 이용당하다가 용도가 퇴색되면 예산을 빼버릴 수 있다.

레알 마드리드 측에서 직접 코치를 파견하고 스페인에서 한국에 정

레알 마드리드 한국 아카데미 사인식. 레알 마드리드 측에서 훌리오 곤잘레스 디렉터와 전 레알 마드리드 선수이자 앰버서더로 활동하는 알바로 아르벨로아가, 레알과 함께 아카데미를 설립한 글로벌선진교육 (GEM) 측에선 남진석 이사장이 참석했다. 이 계약을 중개한 나도 물론 이 자리에 함께해 아카데미의 성공적인 출발을 기원했다.

문경시에 걸린 현수막

기적으로 방문하기로 했지만, 한국에서가 아닌 스페인 마드리드 현지에서 레알 측 관계자들에게 이 아카데미 선수들을 주기적으로 노출시킬 방법이 필요했다. 그래서 나는 스페인 레알 마드리드 시설에서 하는 전지훈련을 계약상 조건으로 포함시켰다. FIFA 규정상 이 전지훈련 동안 레알 측의 누군가가 선수들을 지켜본다 해도 '이것은 트라이얼이다'라고 규정하지 않지만, 그런 노출 자체가 재능이 확인되는 과정이니 사실상의 트라이얼로 기능하며 선수의 미래에 영향을 주게 된다. 레알 측이 재능이 탁월한 선수를 눈여겨봤을 때 18세 미만 선수의 이적을 금지하는 미성년 조건이 풀리자마자 이 선수를 스페인으로 데려가도록 주선하는 것은 에이전트에게 어려운 일이 아니다.

하지만 현실적으로 레알 마드리드에 들어갈 선수로 인정받을 가능성은 적으므로 다른 리그 팀과 계약할 수 있는 여지도 열어놓아야 했다. 그래서 나는 영국 및 이탈리아의 구단들과 별도의 계약을 맺어 이 전지훈련 앞뒤에 그 구단들에서도 훈련을 가지는 계획을 짰다.

기숙학교니 훈련에 대한 부모의 개입에서는 비교적 자유로울 테고 이제 졸업 후 바로 팀을 구하지 못한 선수들을 위한 플랜B가 필요했다. 내가 이탈리아 패션업계와 일을 할 때, 패션계에 입문하고자 하는 전세계의 모델·디자이너·사진사들은 무조건 밀라노·파리·런던·뉴욕으로 넘어왔다. 그리고 꿈을 이룰 때까지 아르바이트를 하며 그 도시에서 버틴다. 물가가 싸지도 않은 도시에서 그런 고생을 자처하는 이유는 패션계에 입문하냐 마냐는 업계에 얼마나 노출되느냐에 좌우되는 경우가 많기 때문이다. 특정 지역이 어떤 분야를 선도하는 경우라면 그 지역에 머무는 것이 관계자들에게 노출되는 데 당연히 훨씬 유리하다.

축구도 그렇다. 유럽 축구계에 입문하고자 한다면, 유럽에 있어야 한다. 유럽 유소년팀이나 대학팀에 소속되어 있으면 매주 토너먼트가 있거나 그렇지 않으면 친선경기라도 갖는데, 거기에는 유럽 구단 아카데미 팀들과의 경기도 포함되어 있다. 사실상 스카우터들의 눈에 들 기회를 매주 갖는 것이다. 한국에 앉아서 '나에 대한 좋은 평가가 유럽까지 전달되어 유럽에서 스카우터를 보내 나를 평가하고, 나에게 오퍼가 기적적으로 들어올 것이다'라고 기대하는 것과 비교했을 때 어마어마하게 입문 기회를 높이는 방법이다. 그래서 나는 유소년 선수들을 위한 플랜 B로 유럽 축구 아카데미들과 계약을 맺었다. 그럼으로써 레알 마드리드 한국 아카데미 선수들이 혹시 고등학교 졸업 후 바로 소속 팀을 구하지 못할 경우, 유럽의 이 아카데미들로 진학해 유럽 축구계 입문을 계속 시도해볼 수 있다.

코치 선정에 들어간 우리는 다양한 코치들을 면접 봤는데, 이 중 인상적인 얘기를 한 코치가 있었다. 나는 그와 긴 대화를 나누었는데, 우리는 레알 마드리드 한국 아카데미가 단지 레알 마드리드라는 이름을 내건 것에 그쳐서는 안 되며, 실질적인 훈련에서의 차별점과 향후 커리어를 제시해줄 수 있는 비전을 담아야 한다는 점에 동의했다.

글로벌 선진학교 문경 캠퍼스 전경

런던에 산 지 5년 정도 되었을 때 지인이 물은 적이 있다.

"한국에 안 돌아올 거야? 런던에 계속 살 생각이야?"

"응, 이 업계에 진출한 사실상 첫 한국인인데 한국에 제대로 된 뭔가를 가지고 같이 들어가기 전까진 안 들어가."

영구 귀국할 날은 멀었지만, 그래도 오랜 외국 생활을 버틴 덕에 진정성을 가진 유럽 구단 아카데미를 국내 최초로 들여왔다는 것이 뿌듯하다. 이 레알 마드리드 한국 아카데미가 스페인의 유소년 축구 육성 정책인 후베닐Juvenil 정책을 국내에 접목하는 시작이 되기를, 그리고 한국의 재능 있는 아이들이 유럽에 진출하는 교두보가 되기를 희망한다.

제 7 장

그라운드 안의 선수와 그라운드 밖의 에이전트는 같이 뛴다

"저 방 별명이 뭔지 알아? '크라잉 룸'이야.
유소년 선수들이 저곳에 호출돼 가면
팀에서 더는 뛰지 못할 것이라는 통보를 받고
그중 일부는 울며 나오거든."

선수들의 경기 외 활동들에서도 함께하며
그들의 인간적인 매력이 팬들에게 닿게 도와주는 것도
구단과 에이전트들 일의 일부이다

가깝고도 먼 사이, 에이전트와 선수

5장에서 얘기했듯이 선수 에이전트의 정체성은 유소년 시절 선수를 발굴하여 기회를 찾아주고 가장 좋은 조건을 협상하여 프로 데뷔를 성사시켜주는 데 있다. 허나, 이미 프로에 데뷔한 선수라면 유럽 축구 업계에서의 선수와 에이전트 간 계약은 모두 물밑 작업으로 이루어진다. 선수도 에이전트에 에이전트 측 근 등을 통해 의사를 전하고, 에이전트도 선수에게 비공식적 루트로 접촉해 의사를 확인한다. '저와 계약하고 싶으면 여기로 연락주세요'라고 공지하는 에이전트도 없고, '저를 대리하고 싶으면 여기로 연락하세요'라고 공지하는 선수도 없다.

선수와 에이전트의 계약은 FIFA 규정상 최대 2년을 맺을 수 있고, 2년 후 이를 갱신하거나 해지한다. 다양한 에이전트 업무 중 선수 에이전트 분야는 유독 잡음이 많고 법정 다툼이 잦은 분야인데 그 이유가 무엇일까?

선수 에이전트들은 언제든 2년 안에 자기 선수를 잃을 수도 있다는 불안감을 가지고 일한다. 그래서 그들은 선수나 선수 가족과 직접 연결이 되는 전화나 이메일을 숨기려 하고, 선수와 선수 가족들을 고의적으로 주변으로부터 고립시키기도 한다.

특히 외국인 선수인 경우는 사실상 가스라이팅에 가까운 케이스도 자주 본다. 에이전트는 끊임없이 선수에게 "너는 이 나라 언어에 약하잖아" "너는 혼자는 못 하잖아" "네가 미숙한 걸 사람들이 악용하려고 들 수 있어" "이런 걸 하다간 축구에 집중하지 못하게 될 거야" 등의 말로 선수가 자립심을 키우고 사람들과 교류할 수 있는 기회들을 차단해 사실상 에이전트 없이는 ATM기에서 돈도 인출 못 하는 수준의 사회 부적응자로 만들어버린다. 고의적으로 언어 과외를 붙여주지 않는 것은 당연하다. 에이전트에 대한 선수의 의존도가 높으면 높을수록 자기를 떠나지 못하리라 보는 것이다.

그리고 일부 선수 에이전트들은 선수 모르게 선수의 권리와 관련된 계약서를 임의로 맺어 이익을 갈취하기도 하고, 자신이 데리고 있는 선수가 많을 때는 일부 선수를 무책임하게 방치하기도 한다. 많은 선수 에이전트들의 도덕적 해이가 지속적으로 문제가 되어왔기에 FIFA가 이를 규제하기 위해 계약기간을 최대 2년으로 제한했음에도 불구하고, 순진한 선수들을 대상으로 일부 선수 에이전트들은 여전히 부당한 행위들을 하고 있어 현재 에이전트 수수료를 추가로 제제하는 규정을 도입하고자 논의 중이다.

물론 반대로 선수가 에이전트의 신의를 저버리는 행위를 하기도 한다. 한 에이전트가 이적 시장 마감일에 자기 선수와 레스토랑에서 저녁 식사를 하고 있었다. 식사 중 기자가 전화해서는 이적에 대한 코멘트를 달라고 하자 이 에이전트는 "이적 안 한다니까. 12시가 마감인데 지금 나랑 레스토랑서 밥 먹고 있다고. 이적 논의 중도 아니고, 지금 해도 계약 마무리 지을 시간도 안 되는데, 왜 계속 그 얘기야"라고 말했다. 그러나 놀랍게도 그로부터 한 시간 뒤 눈앞에서 밥을 먹고 있는 자기 선수의 이적 소식이 오피셜로 떴다. 알고 보니 이 선수는 레스토랑 화장실에서 다른 에이전트를 만나 이적 계약 위임장을 쓰고, 자기 에이전트 몰래 이적을 강행하는 뒤통수를 쳤다고 한다. 선수와 에이전트가 서로 신뢰하는 관계가 물론 가장 이상적이겠지만, 이 업계는 이렇듯 배신과 뒷공작이 횡행하는 암투의 세계이기도 하다.

선수 가족 관리부터 여친 취업 알선까지

선수 에이전트들은 선수 가족 문제로도 상당히 고생이다.

아프리카 출신의 모 선수는 사실상 한 마을을 부양하는 것으로 알려져 있다. 형제만도 밝혀진 것만 13명이 넘는데, 수시로 숨겨진 배다른 형제가 등장하고 친형제들만 해도 다 10여 명의 자식을 낳은 것까지 계산하면 가족 백여 명을 부양하고 있다. 거기에 그 가족을 아는 고향 친구, 친인척들까지 합쳐 한 마을 수준의 사람이 '빨대를 꽂고 있는' 현실에 그 선수는 언제나 자기 연봉이 부족하다고 느꼈다.

게다가 부모와 형제들은 가만히 있지 않고 끊임없이 이 선수를 활용한 황당한 사업으로 사고를 치고 다녔고, 에이전트는 이 수습도 도맡아야 했다. 나는 어느 파티에서 이 선수의 형제를 우연히 만나고 며칠 뒤 그 에이전트를 만나게 된 적이 있었다. 그래서 에이전트에게 "참, 나 며칠 전에 우연히 네 선수 형제 봤어"라고 말했는데 그는 "몇 번째 놈?"이라고 대꾸했다. 난 그 선수의 형제가 한 명 이상이라는 생각을 못 해봐서 '아, 생각해보니 아프리카계니 형제가 많을 수 있겠구나' 식의 생각들을 하고 있었는데, 그 에이전트는 지겹다는 투로 성을 냈다. "뭔데, 카탈리나, 그냥 내뱉어. 이번엔 또 몇 번째 형제가 무슨 사고를 쳤냐고."

종종 감당이 안 되는 와이프나 여자친구를 만나는 선수들이 있다. 직업이 없는 모 선수의 여자친구 때문에 에이전트가 골머리를 앓은 적이 있었다. 그 선수의 여자친구는 남자친구가 고액 연봉자이기 때문인지 교제를 하며 직업을 가진 적이 한 번도 없다고 한다. 하는 일이 없다 보니 선수와 종일 붙어 다니려고 하고, 남자친구 때문에 친구 하나 없는 그 도시에 살아야 하는 자기의 외로움을 계속 토로하는 둥 나중에는 그 선수의 구단 적응에도 악영향을 끼치기 시작했다. 결국 그 선수의 에이전트는 이를 해결하기 위해 그 여자친구를 재능 있다는 식으로 몇 번 치켜세운 뒤 자기가 일하는 에이전시에 있지도 않은 직책을 하나 만들어 취직시켜주었다.

그런데 직장 생활을 안 해봐서인지 그 여자친구는 자기 직책이 진짜인 줄 알았다고 한다. 나중에는 회사 일에 너무 개입을 하려고 하고, 월권을 자주 행사해 결국 권고사직당했지만, 다니는 동안 비싼 밥을 동료에 자주 사주고, 자기 옷이나 가방 등을 쉽게 선물해주곤 해 회사 내에서는 인기가 많았단다.

말이 나왔으니 덧붙이자면, 유럽에서는 축구 선수들이 주목받는 만큼 그 여자친구나 아내들도 WAGsWives And Girlfriends라 불리며 가십적인 관심의 대상이 된다. 구단이 주최하는 행사는 보통 파트너를 동반하는 자리인데, 선수들은 아내나 여자친구와 함께한다. 유럽 축구선수들의 파트너로 가장 많은 직업은 배우·가수·모델 등 연예인이다. 성에 좀 더 개방적인 남유럽 구단 선수들 같은 경우는 포르노 배우, 스트립댄서 같은 직업의 여성과 교제를 하기도 한다. 이 때문에 한국에서 자란 나로서는 깜짝 놀라는 일이 가끔 생긴다. 한 이탈리아 구단이 주최하는 격식 있는 리셉션 파티에서 사람들과 얘기를 나누는데, 거의 헐벗은 여자가 선수랑 팔짱을 끼고 들어오는 게 아닌가. 이탈리아 포르노 배우라고 하던데, 본인 직장에서보다는 많이 걸친 것이겠지만, 우리 기준에서는 눈을 어디 둬야 할지 모를 차림에 나는 상당히 놀랐었다.

선수를 너무
믿지 마세요

　　　　　　이렇듯 에이전트는 선수의 편에 서서 많은 것들을 관리해주는 존재이지만, 그렇다고 무조건 선수들을 믿어서는 안 된다. 선수들이 운동밖에 모르는 순수한 이들인 것만은 아니다. 그들도 보통 사람들처럼 인성은 제각각이며, 일부 선수는 자기 이익을 위해 적극적으로 거짓말을 하며 양심 없이 행동하기도 한다.

　5장에서 언급한 그 여자선수를 대리할 때의 일인데, 어느 날 그 선수에게 구단에서 차량 지원을 중단하기로 결정해 갑자기 차량을 회수해가고 있다는 전화를 받았다. 이제 트레이닝 센터에 매일 어떻게 가냐며 다급하게 호소하는 목소리에, 원래 여자 축구에는 기업들이 후원을 꺼림에도 불구하고 급하게 한 한국 기업으로부터 차량 후원을 얻어다 주었다. 그런데 나중에 구단을 통해 확인한 바로는 차량 지원을 중단한 것이 아니라, 리스료 지급 방식으로 변경해서 매달 리스료를 선수 통장에 계속 입금하고 있다는 게 아닌가? 해당 내용을 선수도 잘 알고 있음은 물론이고 말이다. 그러니까 구단으로부터 매달 지급받는 리스료는 따로 챙기면서 나를 통해 차량 후원을 받아 타고 다니던 것이다.

　또 이 선수는 광고를 찍은 적이 없는데 광고 계약을 맺어보는 것이 소원이라는 말을 종종 하곤 했다. 그래서 광고 모델료를 받으면 어디에 쓰고 싶냐고 하자 "집 살 거예요. 저흰 집을 가져본 적이 없거든요. 엄마 집 사드리는 게 제가 축구 하는 이유예요"라고 답했다. 이 선수

가 어렵게 자랐구나 하는 딱한 마음이 들어서 나는 그 선수에게 후원
계약을 잡아주기 위해 팔방으로 뛰었다. 허나 알고 보니 이 선수는 이
미 부동산을 갖고 있었다. 그래서 물었다.

"너, 너희 어머니 명의로 집 이미 사드렸던데, 왜 집 없다고 했니?"

"네? 그거 전세 줘서 없다고 한 건데요?"

이런 거짓된 언행으로 자기 잇속을 챙기려는 모습들이 반복되면서,
나는 그 선수와 연을 끊게 되었다.

에이전트만이 아니라 팬을 속이는 선수도 있다. 모 프리미어리그 선
수는 런던올림픽 기념 파티에서 올림픽 후원사 사장의 10대 아들이 팬
이라고 하자 즉석에서 전화번호를 교환했다. 다음 날 그 선수는 이 10대
팬에게 전화해 사업 아이디어가 있다며, 부친에게 투자해달라 얘기해주
면 좋겠다고 말했다. 그 선수가 순수한 마음에 자기와 친구가 되었다고
생각했던 팬은 마음에 큰 상처를 입었다. 이 얘기를 들은 나는 이미 백
만장자인 데다 숨만 쉬어도 매주 억대로 수입이 들어오는 그 선수가 자
기 돈이 충분한데도 10대 팬의 팬심을 악용해 투자자를 얻으려는 파렴
치한 행동이 이해가 안 갔다. 이유를 알아보니 '자기 돈 쓰기 싫어서'라
고 한다. 돈이 있건 없건 돈 욕심을 부리는 사람은 언제나 존재한다.

실력과 인성을
겸비한 선수들

물론 이렇게 파렴치한 선수들만 있는

건 아니다. 일반적 기준으로 보면 어린 나이인 20대 초반에도 이미 훌륭한 사회인의 모습을 보여주는 선수들이 많다. 내가 실제로 만나본 어린 선수 중에 특히 인상적이었던 선수는 해리 케인이다. 나는 해리 케인이 23살 때 그를 처음 만났는데, 그는 가정도 일찍 꾸리고 해서인지 20대 초반 영국 남자라고는 볼 수 없을 만큼 성숙한 태도를 보였다. 아마도 그런 성품 탓에 비교적 어린 나이에 영국 국가대표 주장도 맡게 된 것 같다.

맨시티의 카일 워커도 친절과 성실함을 갖춘 선수다. 선수들은 사실 경기 외 사인회나 촬영 등의 상업 행사들을 귀찮아하고 피곤해한다. 우리는 선수들이 묵는 호텔 라운지에 VIP 리셉션을 열고 클라이언트들을 기다리던 중이었는데, 클라이언트들이 늦자 가뜩이나 지루해하던 선수들이 하나둘 떠나기 시작했다. 급한 대로 나는 워커를 붙잡고, 내 게스트가 20분 안으로 도착할 건데 선수가 한 명도 없으면 크게 실망할 테니 조금만 더 기다려주면 안 되겠냐고 부탁했다. 그랬더니 워커는 자기가 땀을 많이 흘렸으니 방에 올라가서 샤워하고 다시 내려오겠다며 자리를 떠났다. 나는 사실 이 말을 듣고 그냥 방에 올라가 쉬겠다는 의사를 돌려 표현한 것이라 생각했다. 그런데 워커는 정말 15분 정도 뒤 다시 리셉션에 내려왔고, 내 게스트와 인사를 해줬다. 원정 일정에서 호텔 룸에 한 번 들어가면 다시 나오기 얼마나 귀찮은지 아는 나로서는 약속을 지킨 워커의 그 착한 마음이 아직도 기억에 남는다.

메시와 호날두가 곧 은퇴를 앞두고 네이마르가 자멸한 현시점에서 가장 시장가치가 높고 핫한 선수는 단연 파리 생제르맹의 킬리안 음바페일 텐데, 그는 축구 실력만큼이나 인성도 갖춘 선수로 인정받고 있다. 음바페는 98년생으로 현재 나이가 겨우 23살에 불과하나 축구 선수로서의 재능과 인기, 마케팅 가치, 전망 등 모든 측면에서 메시와 호날두의 23살 시절에 대적할 만한 선수다.

게다가 음바페는 상당히 건전한 사고방식을 가진 개념 있는 선수로 평이 좋아 구단과 스폰서사 모두의 기대를 한몸에 받고 있다. 음바페 에이전트와 음바페의 스폰서십과 관련해 대화를 나눈 적이 있었는데, 이때 스폰서십에 대한 음바페의 인상적인 생각을 들을 수 있었다. 음바페는 자기가 광고하는 기업이 사회적으로 건전한 기업인지를 신경 쓴다고 한다. 광고 후원계약을 맺기 전에 그 기업이 사회공헌활동을 하는지, 또 그 활동의 방향이 자신이 하고자 하는 사회공헌활동의 사상과 일치하는지 등을 검토하기를 원했는데 23살의 나이에 자기에게 세상을 바꿀 힘이 있다는 것을 인지하고, 그것을 좋은 일에 쓰려는 생각을 한다는 점에 매우 놀랐다.

현재 음바페는 높은 인기에도 불구하고 모든 스폰서십 계약을 거절하고 나이키와 시계 브랜드인 위블로 광고만 하며 프랑스 국가대표팀과 파리 생제르맹의 사회공헌프로그램에 참여하고 있다. 앞으로 스폰서십 활동을 한다고 하더라도 자신의 이런 사상과 맞는 브랜드와만 함께하겠다고 한다. 타고난 재능에 선수생활을 안정적으로 오래 가져갈 것 같은 개념까지 탑재한 모습이 안드레아 피를로의 선수 시절을 보는 듯하다.

모쪼록 좋은 재능과 실력, 그리고 성품을 갖춘 선수들이 그라운드 안팎에서 롱런하여 팬들에게 기쁨을 안겨주고 이 업계를 이끌어나가기를 바란다.

유럽 구단들은 한국 선수들에
얼마나 관심이 있을까

유럽 축구리그에서 활약하는 한국 선
수들을 응원하는 한국인들이 많다. 그들이 한국이라는 국가를 대표
한다고 생각해서 하는 응원이고 아마도 이 선수들을 통해 세계 속에
서 한국축구의 위상이 높아지기를 기대하는 마음도 있을 것이다.

하지만, 유럽 축구리그에서는 한두 선수들을 보고서 그 선수들의
출신국 축구 수준을 가늠하지는 않는다. 물론 브라질이나 아르헨티
나처럼 유럽 축구리그 진출 선수를 매년 배출하고, 스카우터들이
정기적으로 방문하며, 유럽 유수의 구단들과 관계를 맺고 있는 구
단들이 있는 나라는 다르다. 이 나라들의 축구 수준은 해당 구단과
그 출신 선수들로 인해 위상이 높아진 것이 사실이다. 하지만 유럽
축구리그에 진출한 한국 선수들 같은 경우는 K리그 구단 소속으로
뛰다가 유럽으로 바로 이적한 사례가 거의 없을뿐더러, 진출한 방식
도 한국 축구 시스템을 따르지 않고 독립적 루트를 밟은 경우가 많
았다. 즉 개개인의 한국 축구선수가 유럽 축구계에 진출한 것이지,
한국의 '리그'나 '구단'이 유럽 축구리그로 선수를 배출한 것은 아
닌 셈이다.

그래서 유럽 축구계에서 아직은 이 선수들의 유럽 진출과 활약을

한국이라는 국적과는 무관하게 보고 있다. 예를 들어 박지성 선수가 유럽 축구계에서 성공했다는 이유로 제2의 박지성이 있을 거라는 확신을 가지고 한국에 특별히 더 관심을 가지지 않았다. 현재도 손흥민 선수의 성공이 한국 유소년들에 대한 관심으로 이어지지는 않는다. 두 선수는 사실 한국 축구계의 시스템에서는 차별과 어려움을 겪으며 어려운 선수생활을 이어가고 있었고, 각각 2002월드컵과 분데스리가 유학을 통해 유럽 리그에 노출되는 데 성공한 케이스였다.

자국 선수들을 응원하는 것은 좋지만, 이 선수들의 커리어는 지극히 개인 커리어라는 점을 알았으면 한다. 이 선수들의 활약으로 우리나라 축구 수준이, K리그가, 유소년 축구가 세계적으로 인정받았다고 생각해서는 곤란하다. 남미, 포르투갈, 일부 아프리카 구단들처럼 유럽 구단들과 교류를 하며 한국에서 바로 유럽 축구리그로 진출하는 사례를 많이 만들려면 K리그의 발전이 필수적이다.

구단도 결국 사회생활입니다

유럽 리그에 진출한 선수들이 팀에서 자리 잡고 성공적인 커리어를 쌓으려면 무엇이 필요할까? 먼저 축구 실력이 중요하다는 건 두말할 나위도 없지만, 내가 특별히 강조하고 싶은 것은 팀의 일원으로 녹아들어야 한다는 것이다. 구단들은 선수의 실력만큼이나 그들이 팀 내에서 다른 선수들과 얼마나 좋은 관계를 맺는지도 중시한다. 그것이 팀워크로 직결되기 때문이다. 언젠가 모 구단에서는 선수들이 휴게실에 보드게임을 사달라고 했을 때 무척 좋아했다. 휴게실에서 개인행동을 하기보다는 다 같이 하는 게임을 하며 놀고 싶어 한다는 의미이며, 이는 감독과 코치진이 보지 않는 공간에서도 서로 친하고 팀워크가 좋다는 뜻이기 때문이다. 이처럼 팀에 녹아드는 것은 구단이 보기에도 중요한 요소이다.

그런데 아시아 선수들은 대부분 현지 언어에 약하고, 교류에 소극적이다. 축구를 게을리하지는 않는다. 아마도 축구 실력만으로 인정받을 것이라 믿는 것 같다. 하지만 나는 그런 선수들에게 '축구팀도 직장'이라는 말을 꼭 해주고 싶다. 직장인이 사회생활하듯 코치, 감독, 동료들과 친분을 쌓고, 라인을 타고 하는 것들이 팀에서 인정받는 데 다 영향을 끼친다. 축구도 직장생활인데, 축구 실력만으로 인정받을 것이라는 생각에서 벗어나야 한다.

지금껏 지켜본 바로는 선수 간 언어와 문화가 비슷한 선수들이 서로 무리 없이 잘 지내고(예를 들어 같은 라틴 문화권인 스페인 선수들과 남미 선수들은 서로 쉽게 친해지곤 한다), 대체로 연령층이 비슷할 때도 더 잘 어울리는 경향이 있다. 그러니 다른 선수들과 언어와 문화, 나이에서 공통점이 적은 사람은 더 친하게 지내기 위해 노력할 필요가 있다.

한편 팀 적응 부분을 제외하면, 아시아 선수들은 이적 계약과 이적 후 팀에서 자리 잡는 데 분명 유리한 점이 있다. 고국의 대형 글로벌 기업들이 구단 공식 스폰서로 계약되는 경우가 많기 때문이다. 본인의 연봉과 이적료도 이 상업 가치 부분을 염두에 두고 결정되고(이 때문에 유럽 구단 간 이적일 때 같은 이적료를 받는다면 남미 선수가 아시아 선수보다 실력이 좋다는 뜻이 된다. 빅클럽의 스폰서가 될 수 있는 남미 기업의 거의 없지만 아시아 기업은 많다), 팀 내 입지가 흔들려 이적 논의가 생기더라도 공식 스폰서의 압력으로 보호받기도 한다. 따라서 재능 있고, 영리하게 생활한다면 구단 내에서 비교적 안정적인 지위를 차지할 수 있다.

아시아 선수들이 구단의 마케팅에 영향을 주는 일이 커지면서, 어떤 사람들은 '누구누구는 유니폼 팔이용 선수'라고 비아냥거리기도 한다. 이런 이야기는 사실일까? 이는 Yes이면서 동시에 No인 것 같다. 확실한 것은 유럽 축구리그에 진출할 레벨이 전혀 아닌 선수를 마

토트넘 구단 선수 휴게실에 배치된 여러 오락거리들. 구단은 선수들이 자연스럽게 친해질 수 있는 환경을 조성하려 노력한다.

케팅 목적 하나만을 위해 사지는 않는다는 점이다. 단 실력이 어느 정도 팀에 기여할 수 있는 수준일 때 마케팅 가치도 높다면 분명한 플러스 요인이 있다. 그리고 이적 협상 중 연봉을 설정할 때 그 선수의 마케팅 가치가 연봉에 반영도 된다.

하지만 리그와 구단의 스포츠 부서와 상업 부서 간에는 서로의 영역을 존중해야 하는 룰이 있기에 이 정도 고려를 넘어서 팀을 운영하는 데까지 상업 부서가 영향을 주려고 하면 큰 문제가 된다. 몇 시즌 전 한 리그에서 중동 지역 스폰서가 특정 경기에 한 중동 선수를 후반전 인저리 타임이라도 반드시 뛰게 할 것을 강력히 요구한 적이 있는데, 놀랍게도 리그 사무국의 압력으로 이 요구가 경기에서 실제로 반영되었다. 그렇지만 리그 사무국은 해당 팀의 감독과 리그의 다른 팀들에게 어마어마한 항의를 들어야 했다.

이적을 결정하는 의외의 요소
- 날씨, 음식, 놀거리

유럽 선수들이 이적할 때 의외로 중요하게 작용하는 것이 날씨이다. 한국과 이 부분에서는 문화적 차이가 다소 있을 것 같다. 아시아에서는 연봉이 가장 중요한 요소이겠지만 서양권 나라의 선수와 선수 가족들은 돈을 떠나 삶의 질을 중요시하는 경우가 많아 좋은 날씨와 음식, 여가생활 기반이 제공되는 도시에 위치한 구단인지가 이적 성사에도 상당히 영향을 끼치고 있다(이는 유럽의 경우 각 나라와 도시마다 생활 환경이 크게 다르기 때문이기도 하다).

실제로 맨체스터에 위치한 한 구단이 스페인 구단에서 뛰고 있는 한 선수에 오래도록 공을 들였으나, 이적에 계속 걸림돌이 된 것 중 하나가 영국에서도 악명 높기로 손꼽히는 멘체스터의 날씨였다. 그 선수는 가족과 떨어져 살 생각이 없었고 선수의 가족들은 스페인의 천국 같은 날씨와 음식을 두고 맨체스터의 거지 같은 날씨와 음식 속에 살 생각이 전혀 없었다.

런던은 그래도 국제행사들, 놀이문화, 다양한 외국 음식점 등 여러 놀거리, 즐길거리를 제공하는 도시이기에 그나마 영국이어도 이적을 망설일 정도는 아니지만, 영국 북부 지역으로 갈수록 일주일에 6일씩 오는 비와 여왕도 어찌 못한다는 영국 음식의 수준은 삶의 질을 중시하는 유럽인들의 기준에 미달하기에 해당 지역 구단들의 선수 영입 시도를 정말 힘들게 만든다.

세리에A와 리그앙 구단들은 이런 부분에 있어서는 그다지 불리하지는 않은 입장이다. 이탈리아와 프랑스는 선수 가족들이 (물론 살아보기 전에는) 한번쯤 살아보고 싶어 하는 나라이고, 날씨도 쾌청하며 음식, 패션, 음악 등 즐길 거리가 넘치기 때문이다.

때문에 우리 업계에서는 명문 구단인 셀틱 FC와 레인저스 FC를 보유한 스코틀랜드 리그가 유럽 5대리그로 성장하지 못한 이유가 빌어먹을 스코틀랜드 날씨 때문이라는 농담까지 있을 정도로 지역의 날씨는 선수 이적에도 지대한 영향을 끼친다.

셀틱FC는 역사도 길고, 영국 최초로 UEFA 챔피언스리그를 우승하기도 한 명문 구단이다.

훌륭한 선수는
타고나는가, 만들어지는가

선수들이 몸 관리를 어떻게 하는지 많은 이가 궁금해한다. 이를 이해하기 위해서는 먼저 타고난 재능과 훈련 중 어느 것이 톱플레이어가 되는 데 더 중요한지 아는 게 도움이 된다.

선수 출신이 아닌 나는 짐작이 가지 않아 선수들과 대화를 나눌 일이 있으면 '본인이 갖고 태어난 재능과 노력·훈련으로 키운 실력의 비율이 10을 총합으로 할 때 몇 대 몇인 거 같아?'라고 자주 묻곤 했다. 선수들의 대답을 종합해보면, 재능 7, 노력·훈련 3 정도였다.

이 수치에 상당히 놀랐는데, 타고난 재능이 자기 역량의 70%나 좌우한다는 것이 상당히 압도적인 숫자로 와 닿았다. 또 엄청난 훈련과 노력을 한다 하더라도 30%밖에 이를 극복 못 한다는 점도 충격적이었다.

뛰어난 재능으로 선수 커리어를 성공적으로 마치고 코치의 길로 들어선 사람들이 모두 코치로 성공하지는 못하는 이유도 여기에 있다. 의외로 선수들 중에 기술을 가르치는 것을 어려워하는 이들이 있는데, 자기는 그냥 했는데 됐던 기술이라 설명하고 말고 할 것이 없어 어떻게 가르쳐야 할지 모르겠다며 당혹스러워한다. 타고난 감각이 그만큼 운동에서는 중요하다.

선수들의 몸 관리도 이와 유사하다. 훈련이 끝난 뒤 선수들이 배도 부르고 건강한 음식이라고 하며 보편적으로 섭취하는 메인 메뉴는 고기나 파스타다. 그 외 종류의 음식에 대해서는 선수마다 차이가 있다. 어떤 선수는 운동선수용 식단을 철저히 따르고, 어떤 선수는 피자와 탄산음료 등도 자주 먹는다. 섭취한 음식이 각자의 몸에 어떻게 반응하는지는 사람마다 다르고, 또 그것이 필드에서의 운동 능력에 얼마나 영향을 주는지는 명확하지 않아서, 반드시 성공한 축구선수가 되려면 이런 음식을 먹어야 한다, 저런 음식은 피해야 한다, 라고 일률적으로 말하기 어렵다.

다만 데이터는 절대 거짓말을 하지 않기에 구단들은 분석실까지 갖추고 선수들의 몸과 음식의 상관관계를 연구한다. 그리고 이 연구 데이터에 따라 각 선수가 섭취할 음식과 피해야 할 음식을 조절해주며, 이를 위해 어떤 구단은 구단 시설 안에 농장을 갖추고도 있다. 그 농장에서 재배한 채소와 과일로 각 선수별로 맞춤 주스를 만들어 훈련 뒤 점심을 먹는 라운지 냉장고에 넣어둔다. 그리고 훈련 및 경기 결과 등에 따라 제공한 영양소 조합이 선수의 몸에 긍정적 반응을 보였는지 수치로 확인하고, 수정이 필요할 경우 이를 다시 식사에 반영한다.

얼마나 먹느냐의 문제도 개인차가 심하다. 나는 어떤 구단의 공격수가 저녁을 의외로 조금밖에 먹지 않아 깜짝 놀랐다. 운동선수라면 많이 먹을 거라고 흔히 생각할지 몰라도 축구는 100미터 주파 속도도 중요하고, 민첩한 몸을 가져야 할 필요도 있어 생각보다 축구선수들의 식사량이 그렇게 많지는 않다. 야구나 미식축구 등의 종목은 선수들이 일부러 덩치를 키우기도 해서 먹는 양도 그만큼 많지만, 축구는 실제로 보았을 때 간혹 갸름하다, 작다는 느낌을 받는 선수도 있을 정도로 몸 크기에 크게 구애받지 않는다. 그래서 유럽의 한 축구장에

맨시티 1군 훈련 일정

	경기 다음날	경기 5일 전	경기 4일 전	경기 3일 전	경기 2일 전	경기 1일 전	경기 당일
오전			60-70분	40-50분			웜업 30-40분
오후	휴식	80-90분	70-80분	90-100분	70-80분	70-85분	경기

서 미식축구 경기를 열었을 때 축구선수들 체격을 기준으로는 문제가 없던 복도를 미식축구 선수들이 쌍방향으로 교차해 지나가지 못해 복도를 증축하는 공사를 하기도 했다.

이렇듯 스포츠 중에 축구는 큰 덩치나 체격이 필요한 스포츠가 아니니 '우리 한국 선수들은 체격이 작아서 유럽 선수들한테 밀려'라는 낡은 생각에서 이제 벗어났으면 한다. 체격이 선수로서의 성공을 좌우한다는 두려움도 사실과는 거리가 멀다. 실제로 신장만 놓고 봐도 한국 남자의 평균 키는 이탈리아나 스페인의 남자 평균 키와 같다. 인종에 따라 차이가 나는 부분은 신체의 탄력성 부분인데, 축구는 다른 스포츠들보다 탄력성의 영향력이 적다.

유럽 축구 선수들의 하루 훈련량에 관해서도 큰 오해가 있는 것 같다. 절대 한국처럼 새벽부터 운동장 여러 바퀴를 뛰는 식으로 하루 종일 체력 훈련을 하지 않는다. 보통 1~2시간 내외의 팀 훈련을 하루 한 차례 하는 것이 평균이고, 가끔 오전과 오후에 각각 한 번씩 두 차례 훈련하기도 한다. 그 외는 개인 훈련 시간이기에 이를 어떻게 보내는지는 개인 선택이다. 경기 다음 날은 대부분 반드시 훈련 없이 회복을 위해 휴식하나, 경기를 아주 망쳤을 경우 감독의 재량에 따라 훈련을 소집하는 경우도 있기는 하다.

유럽에서
축구선수로 산다는 것

실제로 유럽에서 축구선수는 원정 경기가 많은 것만 제외하면 가족과 충분히 시간을 보낼 수 있는 좋은 직업이다. 경기 날이 아니면 팀 훈련 외 시간이 상당히 자유롭기 때문이다.

생각보다 훈련량이 적고 노력보다 타고난 재능이 좌우하는 운동이라는 점이 지금 이 시간에도 하루 종일 땀 흘리고 있는 선수들에게는 섭섭한 얘기일 수도 있겠다. 그렇지만 예체능이란 원래 그런 분야가 아닌가 한다. 이름을 남긴 예술가나 운동선수들은 모두 타고난 천재들이었다. 노력도 당연히 필요하겠지만, 그것만으로 극복할 수 있는 어떤 한계점이 분명히 존재한다.

유럽 축구 선수 중에도 어마어마한 훈련량으로 유명해 뉴스에 자주 나오는 선수도 있고, 자기 훈련 모습을 SNS 등에 공개하지 않는 선수 중에도 보이지 않게 열심히 훈련하는 선수도 있지만, 실제로 훈련을 하지 않아 SNS에 올릴 영상이 없는 선수들도 있다. 감독들은 보통 이런 게으른 천재들을 제일 싫어한다. 다른 선수들에게 상대적 박탈감을 주고, 팀워크를 해치며, 자기 재능을 과신해 감독 전술을 우습게 여기기 때문이다. 감독들은 최고 수준의 리그는 재능을 갖고 태어난 천재들이 심지어 노력까지 게을리하지 않는 세상이라는 것을 선수 스스로 깨닫도록 끊임없이 일깨워주려고 노력한다.

구단은 선수의 편의를 위해 다양한 것을 제공한다. 팀에 크게 기여하지 못하면서도 높은 연봉을 받으며 골프나 즐기는 모습이 자주 목격되던 가레스 베일이 레알 마드리드에서 토트넘으로 이적한 후, 토트넘이 그를 위해 훈련장에 골프장을 만들어줬다는 악의적 기사가 나온 적 있다. 그렇지만 골프가 실제로 축구선수들에게 도움이 된다는 연구가 있고, 훈련장에서 보내는 시간이 긴 선수들이 훈련 스트레스나 긴장을 푸는 데 골프 같은 가벼운 운동이 도움이 되기에 이전부터도 토트넘 훈련장에는 항상 미니 골프 코스가 있었다. 그뿐 아니라 1군 휴게실에는 비디오게임 시설도 있고(유소년의 경우는 비디오게임이 도움이 되지 않는다는 연구가 지배적이라 제공하지 않는다), 탁구대, 당구대, 수영장 등 여가로 즐길 수 있는 스포츠 시설을 제공하는 게 보편적이다.

훈련장에는 선수들을 위한 5성 호텔급 숙박 시설도 존재한다. 사실 유럽은 땅덩이가 작은 나라들이 많아 출장을 다니다 보면 아무리 고급이라 하는 호텔에 묵어도 방 크기나 침대에 만족하는 경우가 드문데, 빅클럽들의 숙박 시설에 들어가는 침대는 선수들의 회복을 위해 의학적 측면, 품질 측면을 철저히 분석해 가장 좋은 매트리스로 골라서인지 그 품질이 대단한 수준이다. 나도 한번 누워보고 그 품질에 깜짝 놀라 처음으로 "이거 어디서 살 수 있니?"라고 물어봐 구단 직원이 쪽지로 적어줘 구매했을 정도다.

그런데 사실 훈련장은 선수들에게 직장이고, 그런 좋은 침대도 어

토트넘 클럽 하우스의 트레이닝센터와 식당

찌 보면 직장에서 자고 갈 수 있게 침구를 들인 것과 다르지 않다. 사람이 다 똑같은데, 선수들도 퇴근하면 집에 가고 싶지 왜 훈련장에서 자고 싶겠나. 아무도 거기서 자고 싶어 하지 않을 것 같아 실제로는 어디에 쓰나 했더니 구단을 방문하는 해외 게스트들이 이용하기도 하고, 외국 국가대표팀이 A매치 경기하러 올 때 개별 구단의 훈련장과 숙박 시설을 빌려주는 경우가 있다고 했다. 그 때문에 나도 나중에 한 런던 구단의 훈련장 내 숙박 시설에 갔을 때 브라질 대표팀의 방명록에서 네이마르 선수의 '잘 머물다 갑니다'라는 인사를 볼 수 있었다.

축구선수도 인간이다

인터넷과 SNS가 활발해진 요즘에는 팬들이 선수들에 대해 정말 많은 말들을 한다. 좋은 말들도 있지만, 경기에서 부진하거나 사소한 잘못이라도 하면 정말 험한 비난이 쏟아진다. 한국에선 스포츠 선수들에 대한 악플이 지나쳐 포털 사이트에서 댓글 기능이 사라지기까지 했는데, 사실 유럽에서도 사정은 그리 다르지 않다.

그런데 우리가 한 가지 되새겨야 하는 사실은 이 선수들 다수가 겨우 20대 초반이며, 이들이 짊어지고 있는 경기의 무게가 엄청나게 무겁다는 사실이다. 누구나 대학교 시절 철없는 짓들로 여러 가지 흑역사를 가지고 있듯이 선수들도 아직은 사회생활에서 충분히 실수하고, 철없는 언행을 할 수도 있는 나이다. 유명세가 있고 높은 연봉을 받는다는 이유로 그 사람의 인성이 같은 나이 다른 성인보다 모두 성숙해질 수는 없기에 나는 젊은 선수들에 대한 잣대를 조금만 더 유연하게 가져갔으면 하는 생각을 자주 한다.

사실 유럽 축구계에서는 유소년 시절부터 단 하나도 공짜로는 받지 못하고, 실력을 통해 얻어내야 한다는 사실을 배우게 된다. 예를 들어 유소년팀 때부터 처음에는 빈 캐비닛만을 하나 배정받고, 경기나 훈련에서 한 가지 인정받으면 옷걸이를 받아 옷을 걸 수 있으며, 누구는 신발장을 따로 받아 축구화를 보관할 수 있는데, 누구는 신발장 없이 옷과 신발을 함께 구겨 넣어야 하는 탓에 옷에 진흙이 묻는다. 이 모든 것을 실력으로 하나씩 이뤄가야 한다는 점을 교육받는다. 구단은 철저하게 모든 혜택을 개인의 성취에 따라 지급한다. 또 잘못을 하면 처벌로써 줬던 혜택을 박탈하기도 한다. 따라서 유소년팀에서 이런 규율을 몸에 익히고 자란 선수들은 동료가 나보다 연봉이 더 많거나 혜택이 더 많은 것에 질투하지 않는다. 모든 것이 본인이 실력으로 쟁취한 것이란 사실을 안다.

유럽 구단 내부 시설을 볼 때 한 관계자는 나에게 어느 방을 가리키며 말했다. "저 방 별명이 뭔지 알아? '크라잉 룸'이야. 유소년 선수들이 저곳에 호출돼 가면 팀에서 더는 뛰지 못할 것이라는 통보를 받고 그중 일부는 울며 나오거든." 10대의 어린 나이에 같이 뛰던 친구들과 더는 함께하지 못하게 되고, 그것이 자신의 실력 부족 또는 잘못 때문임을 받아들이고 인정해야 한다는 건 매우 가혹한 일이다. 하지만 이를 프로라는 세계의 논리로 받아들이고 극복한, 성숙한 선수만

이 1군의 자원으로 성장한다.

선수들은 팀의 규율을 어겼을 때 그에 따른 처벌이 있고, 자기가 이미 받은 혜택을 빼앗기게 될 수도 있다는 것 또한 잘 알고 있다. 따라서 사생활까지는 보장 못 해도 사실 팀 안에서만큼은 일반적인 20대들보다도 높은 책임감을 기대할 수 있다.

일반적으로 유소년팀에 속해 있으면 그 구단 1군 선수들과 쉽게 만나고, 같은 시설에서 훈련을 받을 거로 생각하지만, 빅클럽들은 1군 시설과 유소년 시설을 철저히 분리해 아예 다른 지역에 따로 운영하는 경우가 대부분이다. 시설이 붙어 있다고 해도 동선이 전혀 겹치지 않게 돼 있다. 다만, 구단들은 1군 선수들에 대한 동경이 유소년들에게 좋은 자극이 된다고 생각해 먼 발치에서는 볼 수 있게 동선을 짜는 경우도 있다. 어느 구단은 1군 건물과 유소년 건물이 식당 부엌을 기준으로 나뉘고, 부엌 너머로 1군 선수들이 식사하는 모습이 살짝살짝 보이도록 인테리어를 해놓았다. 이런 유년 시절을 거쳐 마침내 1군에 들어간 선수는 어린 나이에도 그 자리의 소중함을 안다.

이렇게 어렵게 1군에 올라와 데뷔한 선수들은 무한 경쟁에서 이탈하지 않기 위한 경쟁 때문에, 또 팀의 에이스라면 자신에게 주어진 짐 때문에 받는 정신적 압박이 상상을 초월한다. 실수로 팀에게 피해를 안겨 죄책감에 시달리기도 하고, 자기 기량을 충분히 보여주지 못했을 땐 누구의 말도 위로가 되지 않는 상황에서 추락해가는 자존감을 추스르려 홀로 외롭게 싸우기도 한다. 이 과정을 모두 아는 에이전트들은 골을 넣어서 기뻐하는 선수들보다 아쉬움을 안고 교체되어 나온 선수가 벤치에서 짓는 표정에 더 시선이 간다. 수많은 관중들 앞에서 어린 나이에 홀로 감당해야 했던 선수의 고통이 상상되기에 마음이 아프다. 그리고 이런 경기 후 팬들과 언론들은 선수들에게 가혹하다.

그래도 유럽 축구계는 한 선수의 실수나 부진을 조롱하기보단 건전한 토론을 통해 경기를 분석하려고 노력하는 모습을 보인다. 예를 들어 수아레스 선수의 유명한 핵이빨 사건 때도 영국 언론은 수아레스 선수의 행동을 비웃기보단 이를 축구 의학적으로 접근하여, 선수들이 경기 결과에 대해 받는 압박과 그를 위한 멘탈 치료의 선진화 방법에 대해 논의를 했다. 또한 중요한 경기에서 수아레스 선수가 반복적으로 그런 모습을 보임에도 불구하고 이에 대해 적절한 정신적·심리적 지원을 제공하지 않았다며 리버풀 구단을 비판했을 뿐 수아레스 개인에게 비난의 화살을 꽂지 않았다.

팬들도 잊지 말자. 응원하는 팀이 부진할 땐 화도 나고 하겠지만, 이건 그냥 공놀이일 뿐이다. 선수들도 한 사람의 인간이며, 누군가의 인생보다 중요한 축구 경기란 존재하지 않는다. 경기에서 부진했다고, 잔인하게 매장하듯이 비난하며 멘탈을 꺾을 일은 아닌 것이다.

유럽 축구 에이전트로 산다는 것

한 에이전트는 촉각을 다투는 협상안을 논의하러
나와 통화를 한참 하던 중 갑자기 이렇게 말했다.
"카탈리나, 오늘 내 결혼식인데 지금 곧 신랑 입장하러
가야 해. 내가 2시간 뒤 다시 전화할게.
일단 절대 내용 공유하지 마." **"**

계약이 마무리된 후 구단이 기념으로
에이전트에 보내주는 친필 서명과 사인 져지

나는 런던의
축구 에이전트

에이전트의 하루 일과 및 출장 스케줄이 어떻게 되는지 궁금해하는 사람이 많다. 일단 에이전트를 하려면 각오해야 할 점이 출퇴근 시간이 고정된 일이 아니므로 퇴근 뒤나 주말에 안정된 계획을 세우기는 어려운 삶을 살아야 한다는 것이다. 새벽에 전화를 받는 일도 다반사이고, 저녁과 주말에 경기장에도 자주 가야 한다. 구단들이 여러 도시에 퍼져 있는 탓에 해외 출장도 잦다.

이런 이유로 내가 사는 곳은 런던이지만, 실제로 영국에 있는 날은 1년에 반도 안 되는 것 같다. 한창 바쁜 시즌에 여러 도시로 이동하는 일정을 계속하다 보면, 호텔에 자려고 누웠을 때 순간 오늘 여기가 어딘지 생각이 안 나기도 한다. 스케줄 노트에 '발렌시아 트레이닝 센터 미팅 1시 시작'이 기록돼 있는 걸 보고서야 '아, 나 지금 발렌시아에 있구나'라고 안 적이 있을 정도로 정신없이 유럽 여러 도시를 찍으며 돌아다닌다.

당일치기 출장이라 해도 쉽지 않다. 다음은 스페인 출장 때 스케줄의 예시다.

오전 11시 영국 런던 출발

오후 3시 스페인 마드리드 도착

오후 4시 아틀레티코 미팅

오후 5시반 레알 마드리드 미팅

저녁 7시반 업계 컨퍼런스 참석

저녁 10시 마드리드 출발

오전 1시 런던 도착

우리 회사는 UEFA 관련 프로젝트를 하고 있기 때문에 매년 챔피언스리그 결승전에 초청되는데 축구팬들로서는 '평생 한 번 보기도 힘든 챔피언스리그 결승전을 매년 본다고?' 하는 생각이 들지 몰라도 막상 챔피언스리그 결승전 출장 때 내 스케줄은 이랬다.

비행기에서 내리자마자 공항에서 UEFA에 연행(?)돼서 호텔에 짐 풀 시간 없이 계속 회의, 미팅만 하다가 경기장 갈 때도 UEFA 버스로 이동해 중간에 시내나 팬들 구경은 전혀 못 하고, UEFA VIP라운지에 바로 떨궈져서, 경기 시작 전까지 또 온갖 업계 사람들 상대하다가, 경기 시작하면 5월부터 벌써 여름인 유럽 날씨에 정장 입고 필드 바로 앞에 앉아 더워 죽어가는데, 오프닝 세러머니 불꽃 발사로 바

MON	-밀라노행 비행기 -AC밀란 사인식 참석 -인터밀란 미팅 (인터밀란 사무실) -유벤투스 커피 (시내 카페) -런던행 비행기
THE	-아스널 미팅 (우리 사무실) -UEFA 에이전시 미팅 (오찬) -00 선수 에이전트 미팅 (우리사무실) -포르투갈FA 미팅 (우리 사무실)
WED	-파리행 유로스타 - 파리 생제르맹 미팅 (파르크 데 프랭스 구장) -올림피크 리옹, 마르세유 미팅 (호텔)
THU	-마드리드행 비행기 -레알 마드리드 미팅 (레알 마드리드 트레이닝센터) -아틀레티코 마드리드 미팅 (완다 스타디움) -발렌시아행 기차
FRI	-발렌시아 미팅 (발렌시아 트레이닝센터) -세비야행 기차 -세비야 미팅 (세비야 트레이닝센터) -런던행 비행기
SAT	-토트넘 VS 리버풀 경기 참석
SUN	-볼프스부르크행 비행기 -볼프스부르크 미팅 (경기장) -볼프스부르크 경기 참석 -프랑크푸르트행 기차

모 년 모 월 일주일간의 내 스케줄표. 유럽 축구계의 톱에이전트들은 모두 이처럼 일주일 내내 유럽 전역을 돌아다니는 바쁜 일정을 보내게 된다.

앞에서 소개한 스케줄표에서 언급된 세비야의 트레이닝센터.

비큐처럼 익고, 누가 이기든 말든 우리와 무관한 경기 결과를 강제 확인 뒤, 회사 초청으로 온 손님이 호텔로 바로 안 돌아간대서 라운지로 다시 강제 연행되어, 장시간 힐을 신어 발목이 나갈 것 같은 아픔을 참고 새벽 1시까지 웃으며 응대하고, 겨우 호텔로 돌아와 기절했다가, 아침 7시 반부터 다시 조찬 미팅 후 비행 시간까지 논스톱 미팅하며 업계의 온갖 징징대는 얘기들 들어주고, 런던에 돌아와서야 결승전 뉴스랑 경기 날 축구팬들 유튜브 영상들을 보는데, 도대체가 같은 공간 같은 이벤트에 있었던 사람들 맞나 싶을 정도로 어쩜 이렇게 다들 신나고 재밌어 보이는지….

일로 하면 모든 게 이렇게 힘이 든다.

성공한 에이전트가 되면 돌아오는 것들

그래도 일단 성공한 에이전트가 되면 상당한 대우를 받을 수 있다. 계급 사회인 유럽에서 성공한 축구 에이전트가 되는 일은 어찌 보면 흙수저가 상류층으로 진입하는 유일한 통로일지도 모르겠다. 나도 흙수저인 데다가 외국인 노동자였지만, 맨시티와의 첫 거래 성사 후 과장을 살짝 보태자면 당장 내일 은퇴해도 되는 거액을 커미션으로 받으며 단숨에 영국 내 고액소득자가 되었다. 맨시티 직원들은 한동안 나를 보면 "어? 카탈리나, 은퇴해서 바하마 해변에 있는 줄 알았는데?"라며 놀려댔는데, 정말 그럴 수 있을 만한 금액이었다.

이 수익으로 하룻밤 새 영국 은행의 VIP가 되고, 해롯 백화점(영국 런던에 위치한 유명 고급백화점)의 VIP도 되었고, 무려 고급 스포츠카를 현금으로 전액 결제할 수도 있었다. 그 나이에 정신을 못 차릴 금액이라 이를 전액 일시불로 받았으면 흥청망청 다 탕진했을지도 모르지만 다행히도 분할로 받았고, 그래서 2번째 입금 때부터는 일단 집을 사자고 정신을 차릴 수 있었다.

이 일을 하다 보면 배신도 많이 당하고 선수나 구단 직원이나 다른 에이전트에 대해 '내가 저 사람을 다시 보면 사람이 아니다' 하는 생각을 품게 되는 일도 자주 겪지만, 이 업계가 어김없이 다시 모여 거래를 추진하게 되는 이유는 결국 성사 시 모두에게 나눠지는 성공 보수가 다른 업계보다 많기 때문인 것 같다.

정해진 커미션 말고도, 구단들은 일정한 위치에 올라선 에이전트들에게는 이런 저런 편의를 많이 제공해준다. 구단의 스태프가 많아도 정작 경영 관련 직원은 많아야 10명, 빅클럽이라 해도 40명을 넘지 않는다. 자기 구단을 위해 일하는 수백 명의 에이전트를 관리하는 것이 그 직원들의 주요 업무 중 하나다. 에이전트가 성사된 계약의 10%를 가져간다고 하면 구단에 90%를 주는 것이기에(에이전트들은 내가 아니면 그 계약도 없었다고 자신하기에 구단이 내게 10을 준 게 아니라 자기가 90을 벌어다 줬다고 사고한다) 구단 측으로서는 '에이전트가 계약을 성사시키는 것' '큰 계약으로 성사시키는 것' '그 계약을 다른 구단이 아닌 우리 구단에 가져오게 하는 것'이 에이전트와 협업하는 주요 목적이다.

▲ 첫 계약 보수를 받아 일시불로 구매한 스포츠카. 성공한 에이전트에겐 충분한 물질적 보상이 돌아온다.
▼ 토트넘 VIP 라운지. 구단의 VIP 행사 등에 초대돼 셀럽들과 교류할 수 있다는 것도 에이전트의 특권 중 하나다.

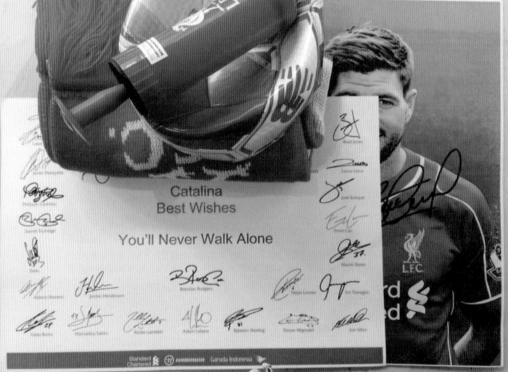

Catalina
Best Wishes

You'll Never Walk Alone

아스널이 보내준 크리스마스카드(위)와 리버풀이 보내준 서신(아래). 유럽 구단들은 거래하는 주요 에이전
트들에게 때마다 선물을 보내주며 관계를 좋게 유지하려 한다.

그래서 구단들은 에이전트들과 정기적인 만남을 통해 관계를 돈독히 하려 하며, 주요 에이전트들에게는 생일선물과 크리스마스 선물 등을 보내며 친분을 쌓으려 여러 가지 노력을 한다.

에이전트의 업무 추진에 필요한 부분도 전폭 지원한다. 대부분의 빅클럽은 주요 에이전트에게 비즈니스 항공권과 4성급 이상 호텔을 제공하는데, 심지어 맨시티와 일할 때는 계약 성사가 가까워지니 비행기 좌석이 1등석으로 상향 조정되어 깜짝 놀랐다. 조금 부담이 되서 사실 속으로는 '아, 이렇게까지 안 했으면 좋겠는데, 아직 성사도 안 됐는데 벌써 이러면 성사되면 비행기를 한 대 사주려나' 싶기도 했다. 구단들은 이처럼 될 것 같은 협상에는 비용을 아끼지 않는다.

유럽 사회의
인사이더로

게다가 유럽 축구계에서 핵심적인 자리에 있게 되면 쉽게 인맥을 넓힐 수 있다. 지인들에게 귀한 경기 티켓을 얻어주기도 하고, 내부인만 볼 수 있는 구장 내 시설을 보여줄 수도 있으며, 선수와의 만남도 주선할 수 있는데, 이 모든 것은 유럽 내에서도 일종의 권력으로 통한다.

유럽에서 축구 경기는 마치 사업가들이 하는 골프 약속처럼 중요한 비즈니스 거리가 있는 사람들이 모여서 일 얘기도 하고, 같이 취미 생활도 하는 네트워킹 자리로 쓰인다. 이런 이유로 구단들은 비즈니스

라운지를 만들어 다양한 영역의 사람들이 킥오프 전에 자유롭게 교류할 수 있는 공간으로 제공하며, 보다 사적인 공간을 원하는 사람들은 박스석에서 소수만의 모임을 가지며 다양한 인맥을 쌓을 수 있다.

구단 경영진도 일정 지위에 오르면 구단이 위치한 지역 사회에서 일종의 지역 유지 반열에 올라간다. 속칭 '시장이랑 밥 먹는 사이'가 되고, 해당 도시 셀럽들과도 인연이 생긴다. 스페인, 이탈리아에서는 클럽의 주요 운영진은 파파라치가 붙는 유명인이기도 하다. 또 각종 기업들의 구단 후원 계약을 맺으며 기업 소유주들과 친분도 생기고, 구단주가 가진 다른 사업에서 파생되는 인맥들도 상당하기에, 은퇴 후에 그쪽으로 커리어를 옮길 기회도 자연스럽게 생긴다.

나는 드문 동양인에 여성인 에이전트이기에 특별히 많은 관심을 받았다. 심지어 영국의 상원의원인 콜린 모이니안 경Lord Colin Moynihan이 미팅을 요청하기도 했는데, 그는 전 영국 조정 국가대표로 옥스포드 재학 당시 올림픽에 나가 은메달을 딴 스포츠인이자 과거에 스포츠 장관과 올림픽 위원회 위원장을 보낸 쟁쟁한 정치인이다. 영국 스포츠계의 가장 권위 있는 인물 중 한 명인 그가 나를 만나보고 싶어한 것은 내가 유럽 축구계에서 일하는 '드문' 동양인 여자였기 때문일 것이다. 그만큼 유럽 축구계는 유럽인들에게 특별하다.

사생활에서도 축구팬인 '지인이 만나보고 싶어 한다' '에이전트가 되고 싶어 하는 아들에게 조언을 해달라' 등의 요청을 종종 받으며 어딜 가나 축구계의 내막을 듣고 싶어 하는 사람들이 큰 관심을 보인다. 축구팬인 유럽 사람들에게는 축구를 직업으로 한다는 것 자체만으로 부러움의 대상이 된다.

풀햄 FC 구단주(그는 NFL 잭슨빌 재규어스팀의 구단주이기도 하다)가 주최한 요트 파티의 모습(위)과 그 위
에서 바라본 템스강변의 런던 풍경(아래)

내가 밀라노에 살 때 친구들은 대부분 AC밀란 팬이었다. 내가 이쪽 일을 하면서부터 친구들은 나에게 "AC밀란 에이전트로 사는 기분은 어떤 거야? 알고 싶어. 아침에 일어나서 매일 AC밀란 에이전트로서 들이마시는 공기가 어떤 것인지 묘사해줘"라고 말하곤 한다.

내가 매일 아침 '나는 AC밀란 에이전트다!' 하고 외치며 일어나지도 않고, 그 인생의 기쁨을 느끼려고 지구 공기를 특별히 마셔대지도 않는데, 이런 얘기를 만날 때마다 아직도 한다.

AC밀란과 유소년 축구 파트너십을 발표해 AC밀란 공식 SNS 채널에 내 얼굴이 들어간 뉴스가 났을 땐 전화기가 폭발하는 줄 알았다. 자기 친구가 AC밀란 오피셜 채널에 떴다며 이탈리아 친구들이 난리도 아니었다. 한 명은 이런 건 인쇄해서 액자로 만들어 가보로 물려줘야 한다며 온가족이 흥분해서 한참을 종이 크기와 액자 디자인을 놓고 논쟁을 벌이다 누군가 "잠깐, 그런데 카탈리나가 우리 가족은 아닌데?"라고 해서 잠시 정적이 흘렀다고 한다. 하지만 곧 누군가 "가족이나 다름없지!!!! AC밀라노!!!!"라고 말하며 흥분을 이어가기도 했단다.

어떻게 해야
유럽 축구계로 들어갈까

그렇다면 이렇게 많은 보상이 있는 유럽 축구계에 입문하려면 어떻게 해야 할까?

자주 받는 질문 중 하나는 에이전트가 되려면 스포츠매니지먼트학과 등을 가야 하냐는 것이다. 그렇지 않다. 대학 교육 자체가 필요한지도 의문이다. 에이전트는 학력으로 하는 일이 아니다. 내 견해로는 그나마 에이전트 일을 하는 데 가장 직접적인 도움이 되는 공부는 법학이다. 계약서를 자주 다루고, 계약 조건을 놓고 협상하는 일이기 때문이다. 나도 영국에서 법 공부를 했다. 하지만 이것도 변호사의 도움을 받아 협상을 진행하기에 굳이 필요하진 않다.

그렇다면 에이전트는 어떻게 될 수 있을까?

가장 흔한 길은 선수 출신 내지는 축구계 인사의 가족이라서 입문하는 방법이다. 축구계에 이미 인맥을 갖추고 있기에 계약을 할 수 있는 기회가 찾아왔을 때 누구에게 연락해야 하는지를 정확히 알고 있고, 따라서 딜을 의사결정권자에게 바로 가져가 성사시킬 가능성이 높다. 예를 들어 우리나라에선 차두리 선수가 언어 구사 능력과 아버지 인맥 그리고 유럽에서 선수 생활을 했던 경험을 바탕으로, 괜찮은 에이전트가 될 수 있었을 것 같다.

비슷한 길로는, 클라이언트나 정부 인사 또는 구단 오너 쪽 친인척인 경우다. 예를 들어 어느 구단 오너의 조카가 에이전트가 되고 싶어 한다면 그 구단의 계약 건을 맡아 진행하는 기회를 손쉽게 잡을 수 있다. 토니 블레어 전 영국 총리의 둘째 아들도 축구 에이전트를 하고 있는데, 아버지 인맥이 분명 축구계 입문에 도움이 되었을 것이다.

보다 정공법을 택할 수도 있는데, 하부 리그나 아마추어 리그부터 시작해 올라오는 방법이다. 영국에서 간절히 에이전트가 되길 바라는 이들은 17세, 18세부터 학교 스포츠팀 운영이나 에이전트를 맡기 시작해 성인이 되면서 동네 팀이나 선수들의 에이전트를 맡는다. 능력을 인정받으며 클라이언트를 늘려 한 단계씩 점점 상위 리그로 진출할 수 있다. 이 때문에 유럽에선 겨우 32살인 에이전트라고 무시하면 안 된다. 그 32살짜리가 이미 업계 15년차일 수도 있다. 한국에서는 최근 대학 졸업을 미루면서 30살이 넘어 첫 직장을 갖는 경우도 많은데, 유럽과 비교할 때 같은 나이에 얼마나 경력에 큰 차이가 생기는지를 여기서 알 수 있다. 영국 리그가 20부 리그까지 있다는 걸 감안할 때 이 루트는 긴 여정이지만, 그 길을 밟고 올라와 1부 리그 빅클럽들과 일하는 에이전트로 성공한 케이스도 꽤 존재한다.

마지막 길은 내가 진출한 방법인데, 업계가 필요한 분야의 전문가로 스카우트되는 것이다. 예전에는 축구협회나 FIFA같은 곳에서 축구 행정을 배운 사람들이 구단으로 스카우트되는 경우도 있었으나 지금은 구단들의 사업이 다각화됨에 따라 세부 분야별 전문가를 영입한다. 회계, 브랜드, IT업계, 판매업계, 방송 등 다양한 분야에서 전문가들을 스카우트해 해당 분야의 계약 건에 필요한 에이전트로 활용하고 있다.

유럽 축구 에이전트에게
가장 중요한 덕목

그렇다면 에이전트가 되려면 어떤 역량들이 필요할까?

가장 중요한 것은 본인의 선천적 성향과 자질이다. 축구를 사랑하는 마음이 크다고, 기회가 찾아왔다고, 모두가 계약을 성사시킬 수 있는 건 아니기 때문이다. 많은 사람들(특히 남성 축구팬)이 축구 지식을 많이 알면 유리할 것이라고 착각한다. 이 업계에 '축알못'은 한 명도 없다. 축구를 아는 것은 기본이고, 그보단 자신의 성향과 자질이 협상에서 성과를 내기에 적합해야 한다. 성과를 중시하는 업계로, 기회는 자주 오지 않으며 일을 성사시키지 못한 사람에게 에이전트가 될 기회를 다시 주지 않기 때문이다.

　나는 개인적으로 유럽 축구계에서 다른 직업이라면 모를까, 에이전트라는 일만큼은 타고나야 하는 것이라고 생각한다. 하늘 아래 같은 협상은 없다. 협상은 매번 다르고, 이에 따라 요구되는 임기응변도 상당하다. 예상 못한 위기 상황에서 대처하려면 배포가 크고 기술이 좋아야 하는데, 훈련과 교육으로 되는 일이 아니다. 계획해서 된다기보다 운명같이 만나는 직업이다. 사람을 압도하는 타고난 기질과 기운이 있어야 하고, 이 때문인지 대부분의 성공한 에이전트들을 실제로 만나보면 자기만의 아우라가 있다.

　타고나야 하는 일이기 때문에 또 이 일은 다른 사람에 위임하기가 어렵다. 자기 스스로 내가 아니면 성사를 못 시킨다고 느끼는 경우가 많기 때문이다. 그래서 아무리 일이 많아도 자기 협상 건은 다른 직원들에게 위임하지 않고 직접 처리하는 것이 에이전트들의 특징이다. 그래서 사생활에도 지장을 꽤나 받는데, 한 에이전트는 촉각을 다투는 협상안을 논의하러 나와 통화를 한참 하던 중 갑자기 이렇게 말했다. "카탈리나, 오늘 내 결혼식인데 지금 곧 신랑 입장하러 가야 해. 내가 2시간 뒤 다시 전화할게. 일단 절대 내용 공유하지 마." 자기 결혼식에서 입장 전까지 통화를 하고 있었다니…. 이 업계 애들은 정말 미쳤구나, 하는 생각이 들기는 했는데, 또 한편으로는 '과연 나라면 저 상황에 누구한테 대신 맡길 수 있었을까?' 생각해보니 나 역시도 식장 입장 전까지 전화를 붙들고 있었을 거 같기는 하다. 이 업계에서 일하면서 자기 아이가 태어나는 날 출장을 가서 영상통화로 지켜봐야 했던 사람도 있었고, 아이 셋 출산을 다 놓쳐서 하나를 더 만들어 넷째 때는 같이 있어야 이혼 안 당할 거 같다는 남자도 보았다. 이 일은 그런 일이다.

에이전트에 필요한 다른 요건을 생각해보면, 그 역시 본인의 선천적 성향 및 자질과 연장선상에 있다. 정무 능력과 협상 기술이 아주 좋아야 한다. 유럽 축구계는 그야말로 쩐의 전쟁이다. 이렇게 큰 판에서 주사위를 굴리려면 다양한 이권이 충돌하는 상황에서 판을 읽고 매듭을 풀 줄 알아야 한다.

내가 손흥민 이적 논의를
결렬시킨 이유

어떤 거래를 맡았을 때 그 거래에 관련된 이익 관계를 모두 풀면 성사시킬 수 있을 것 같지만, 그게 다가 아니다. 이 업계는 내 '밥상'이 아니라면 엎어버려야, 내 밥상이 될지도 모를 새 밥상이 차려진다는 룰이 있다. 자기가 맡은 거래가 아니라면 파투를 놓기 위해 달려드는 수십 명의 에이전트가 있다. 따라서 직접 관련된 이익 관계를 풀어야 하는 것은 물론, 관여되지도 않은 이들의 방해 공작도 다 방어할 수 있어야 하나의 거래가 비로소 성사된다.

선수 이적 계약의 성사가 어려운 것도 이 때문이다. 단순히 사려는 구단이 내고자 하는 가격과 팔려는 구단이 원하는 가격을 절충해주면 되는 일 같지만, 사실 팔려고도 사려고도 안 하는 구단의 에이전트들이 이적을 훼방놓기 위해 수도 없이 달려든다. 왜냐하면 그래야 두 구단이 다른 선수의 이적 건을 추진할 것이고, 자기 선수가 그 대상이 될 수 있기 때문이다. 예를 들어 알다시피 2020년 여름 토트넘이 센터백으로 김민재를 영입하려고 검토했었는데, 그때 수십 명의 다른 에이전트들이 해당 협상을 결렬시키기 위해 다양한 물밑 작업을 했다. 업계의 비밀에 해당하는 내용이라 여기서 다 말할 순 없지만, 훼방의 방법은 여러 가지며 이유도 가지가지다. 그 협상을 결렬시켜 센터백 자리에 자기 선수를 꽂고자 하는 에이전트가 수작을 부리기도 하고, 구단의 예산을 다른 포지션에 써야 자기 선수의 계약이 성사되는 (다른 포지션) 선수의 에이전트가 방해할 수도 있다. 이적 계약을 맡은 에이전트는 이걸 모두 방어해야 한다. 당시 김민재 선수의 에이전트는 이 능력이 되지 않아 구단의 영입 우선 순위에서 밀리면서 이적을 성사시키는 데 실패했다.

직접적인 경쟁에선 먼, 간접 영향으로 인한 공작도 있을 수 있다. 나도 손흥민 선수의 이적 논의를 내가 맡은 거래 때문에 결렬시킨 적이 있다. 손흥민 선수는 2016년 8월 리우 올림픽에 다녀온 후 독일로 돌아가고 싶다는 의사를 강하게 피력했다. 올림픽에서 의욕만큼 플레이가 나오지 않은 것은 당시 토트넘에서 주전으로 뛰지 못하고 후반에만 가끔 나와 경기력을 충분히 쌓지 못했던 탓이라 여겼고, 프리미어 리그에 온 것을 후회했다. 그러면서 손흥민 선수의 볼프스부르크 이적 논의가 진행되었다.

나는 그때 토트넘-금호타이어 스폰서십을 성사시켜 발표한 지 한 달도 되지 않은 시점이었는데, 당연히 이 계약은 상당수가 손흥민 선수를 활용하는 마케팅으로 구성되어 있었다. 스폰서십이 성사된 한두 시즌 이후의 이적이라면 모를까, 발표 후 1달 만에 누가 봐도 그 스폰서십을 체결한 이유인 선수를 잃는 것은 타격이 너무 큰 일이다. 계약하자마자 손흥민이 떠난 팀을 울며 겨자 먹기로 후원해야 하는 금호타이어를 조롱하는 언론 기사가 쏟아질 것이 뻔했고, 스폰서십 계약과 선수 이적의 시점을 이렇게 엇나가게 하면 토트넘 구단에 대한 시장의 신뢰도 추락할 것이었다. 당시 리버풀은 금호타이어의 스폰서십을 리버풀에 가져다주었으면 했었는데, 토트넘에 가져갔다고 삐져 있어서 이적시장 기간 동안 '카탈리나, 손흥민 지금 우리 트레이닝 센터에서 메디컬 테스트 받고 있지~' 하는 메시지를 보내며 복수하는 장난을 치곤 했는데, 손흥민 선수의 볼프스부르크 이적으로 장난이 현실이 될 판이었다.

어떻게 했는지는 자세히 밝힐 수 없지만, 이런 이유들로 인해 어쩔 수 없이 나는 손흥민 선수의 볼프스부르크 이적 논의를 무산시켰다. 구단 에이전트로서는 당시 해야 할 일을 한 것뿐이지만, 손흥민 선수가 한국 선수이고 토트넘에서 얼마나 힘든 시간을 보내고 있는지 알고 있었기에 그를 억지로 팀에 남게 만든 게 마음에 걸렸다. 손흥민 선수를 마주할 때마다 상당한 죄책감에 시달렸다. 그런데 하늘이 도운 것인지 바로 다음달 손흥민 선수는 EPL에서 기적적으로 부활하여 토트넘 이적 후 최고의 한 달을 보냈고, 아시아 선수 최초로 'EPL 이달의 선수상'을 수상하기도 하며 최고의 시즌으로 마무리했다. 이후 시즌을 거듭하며 명실상부 EPL 톱플레이어로 자리 잡았으니 결과적으로 그때 내가 볼프스부르크 이적을 막은 것이 손흥민 선수의 커리어에 도움이 되었다고 자부해본다.

이 일에는 재밌는(?) 후일담도 있다. 나중에 볼프스부르크 구단 관계자를 만날 일이 있었는데, 유소년 관련 논의를 하던 중 갑자기 그가 "참, 기밀인데 우리 손흥민 선수 살 뻔했었다? 근데 방해 공작이 있어서 결국 실패했어. 너무 아깝지?"라고 말해 난 속으로만 웃을 수밖에 없었다. 분데스리가는 아직 이 정도로 프리미어리그보다는 어수룩한 것 같다. 방해 공작이 있었을 때는 어디서 공작이 들어왔는지 탈탈 털어서 끝에 누가 나오는가를 확인해봤어야지, 그걸 당사자한테 기밀이라고 얘기하다니….

사실 우리 업계는 누가 왜, 어떻게 방해 공작을 펴서 딜을 엎었는지 알게 된다 하더라도 앙심을 품거나 하지 않는다. 그게 일이라는 것을 서로 안다. 그때쯤 국내 한 웹툰 작가가 포체티노가 손흥민을 팀 구성에서 제외하려고 하자 손흥민이 타이어를 몸에 끼고 '쉽진 않을 걸요'라고 말하는 축구 만화를 낸 적이 있는데, 내가 왜 손흥민의 볼프스부르크 이적 논의를 개입해 엎었는지 아는 토트넘 직원들도 이 만화를 자기네 상황과 맞물리는 풍자라 생각해 '웃프다'며 돌려보고 같이 웃었을 정도로, 에이전트가 자기들의 이익에 반하는 일을 하더라도 다지나면 같이 웃으며 얘기할 수 있는 분위기다. 그러니 프로인 것 같다.

에이전트에게
두 번 기회는 없다

에이전트는 단연 정보력도 좋아야 한다. 당장 구단 수뇌부만 해도 정보를 얻지 못하는 에이전트와는 식사 약속을 잡지 않는다. 중요한 정보가 확인되었을 경우에는 점심에 오간 얘기들에 기반해 그날 저녁에 계약서 작성을 시작하기도 한다. 선수 이적을 위해서도 구단의 움직임을 시시각각 파악할 수 있어야 한다.

따라서 유럽 축구 에이전트가 되려면 유럽에 사는 것이 필수다. 유럽 축구 시장 대부분의 움직임은 현지에서 감지된다. 주식시장처럼 유럽 오전 시간에 정보가 나돌기 시작하면 당장 자신의 주요 인맥을 통해 사실 여부를 확인하고 사실로 판명되면 그날 오후에 바로 비행기를 타야 하는 경우도 빈번하다. 보통 해당 정보가 다른 나라에 사는 에이전트까지 전해지는 데는 아무리 인맥이 좋은 에이전트라고 해도 며칠은 더 걸리니, 사실 정보 공유 자체가 안 되는 경우가 대부분이다.

또 아무리 스마트폰이니 화상회의니 기술이 발전해도 중요한 의사 결정일수록 만나서 논의해야 하기에 몇 시간 내에 바로 만날 수 있는지 여부가 에이전트로 일하는 데 매우 중요한 요소다. 그래서 나는 런던에서도 공항에서 차로 25분 거리인 첼시 지역에 살고 있고, 1박 체류가 가능한 여행 가방을 항상 구비해두고 있다. 갑작스럽게 출장이 결정돼도 유럽 내 어느 도시든 런던에서 당일 아침 비행기로 이동해 오전에 대면 미팅이 가능하다. 아시아에서 유럽으로 가야 한다면 이렇게 빠르게 결정하고 실행에 옮기기는 현실적으로 쉽지 않다.

따라서 유럽에서 활동하는 선수인데 유럽 밖에 사는 에이전트를 두고 있다면 즉시 교체하라고 권하고 싶다. 업계 상식적으로 말이 안 되는 일이다. 이런 연유로 한국 선수들을 대상으로 한 좋은 이적 기회가 에이전트와 선수 측에 공유조차 되지 않고 흘러간 경우가 수도 없이 많았다. 특히 국민들이 많이 응원하던 이청용 선수는 내가 같이 일하는 구단들 다수가 관심을 갖고 있었음에도 에이전트가 한국에 거주하기에 활발한 논의가 이루어지지 못해 결국 K리그로 복귀한 것으로 알고 있다. 이청용 선수는 그저 자기 나이가 많고 최근 경기를 많이 뛰지 못한 것 때문에 이적 제안이 없다고 에이전트로부터 전해 들어 2부리그 등으로 눈을 돌리다가 K리그 복귀를 받아들였다고 하던데, 안타까운 일이다. 유럽에 거주하고 빅리그와 일하는 에이전트가 있었다면 충분히 유럽 커리어를 이어갈 수 있었던 케이스였다.

에이전트가 SNS를 하지 않는 이유

에이전트는 기밀 유지에도 만전을 기해야 한다. 따라서 본인이 '관종'인 성향이라면 업계의 신뢰를 얻지 못해 에이전트로 성공하기 어렵다. 실제로도 별 실체도 없이 에이전트 코스프레를 하는 사람들이 주로 빅클럽과 일하는 양, 선수들과 친분이 있는 양, 어디 중요한 미팅이나 출장이라도 가는 양 SNS에 과시를 하려고 든다. 하지만 대부분 진짜 에이전트들은 SNS 계정 자체가 없거나,

런던의 C&P(카탈리나&파트너스)스포츠 사무실. 건물 외부 모습과 내부
유럽 축구계에서 활동하려는 에이전트라면, 유럽에 거주해야 한다.

있더라도 최소 포스팅만 할 뿐이지 매일 무엇을 하는지 공개하지 않는다. 이 업계는 철저히 이너서클만으로 아주 좁게 돌아가기에 필요한 사람들끼리는 모두 서로 알고 있는 관계라 모르는 사람에게 오는 연락을 받을 루트를 열어놔야 할 필요가 별로 없다. 대부분의 협상은 모두 비밀이고, 협상 중인지 여부, 엎어졌는지, 왜 엎어졌는지 등도 모두 함구해야 하는 것들이다. 또 에이전트는 '킹메이커'일 뿐, 성사를 시킨 후의 영광은 모두 구단과 선수에 주어야 한다. 자신을 부각하려 드는 사람은 에이전트로 이 업계에 계속 발을 붙이기 힘들다. 우리 일은 접촉 자체를 숨겨야 하는 협상도 많아 에이전트가 SNS로 자기가 지금 어디에 있는지를 알리는 것도 바람직하지 않다.

나도 이런 연유로 사적으로 아는 한국 지인들과 멀리서 근황을 묻는 차원에서 비공개로 운영하는 페이스북 외 다른 SNS를 일체 쓰지 않는다. 회사로 나를 찾는 전화가 와도 프로토콜상 "그녀는 지금 통화할 수 없어요. 메시지 남겨 드릴까요 She is not available. Can I take a message?"라고 말하게 되어 있고, 상대가 "회의 중인가요? 오늘 출근했어요? 출장갔어요?" 등을 묻는다 해도 "그녀는 지금 통화할 수 없어요"라고만 반복할 뿐이다. 나라나 도시 자체가 어느 구단과 접촉하는지 특정할 수 있는 지표가 되는 탓에 현재 협상이 진행 중이라는 것을 아는 상대라면 내 현재 위치만으로도 협상 중인 구단이 노출되기 때문이다. 그만큼 기밀 유지는 우리 일에 중요하다.

말 못하는 에이전트는
협상에 끼지 못한다

다음으로 에이전트에게 필요한 자질은 아무래도 외국어 능력이다. 유럽 축구 에이전트가 되려면 영어에 더해 유럽 국가들의 언어를 2, 3개 더 할 수 있는 게 좋다. 이 업계는 대부분의 사람이 외국어 2~3개를 구사하기 때문에 미팅 시작 전에 "어느 언어로 할까요? 모두들 영어, 스페인어, 이탈리아어 중에 뭐가 제일 편하세요?"라고 묻기도 할 정도이다.

가끔 구단의 높은 지위에 있는 사람이나 중요한 선수 중에 모국어 외에는 못 하는 사람이 있는데, 그런 경우에는 에이전트가 소통할 해당 언어를 할 수 있느냐가 더욱 중요해진다. 통역사를 쓴다는 것은 사실상 안 될 말이다. 통역사가 축구 비즈니스의 전문 용어와 협상안들을 이해하고 정확히 통역할 수 있는지도 미지수고, 통역을 통하느라 협상 자체가 길어지며 시간이 낭비되고, 오역으로 문제가 발생하는 과정을 협상 상대가 인내해 주기를 기대하기가 쉽지 않기 때문이다.

구사해야 하는 언어로는 아무래도 영어는 필수고, 기타 활용도 순으로 스페인어, 이탈리아어, 포르투갈어, 프랑스어, 독일어 정도가 되겠다. 나도 영어, 스페인어, 이탈리아어를 하는데 이는 협상에 상당히 도움이 된다.

에이전트들은 체력 관리도 철저히 해야 한다. 출장과 경기 스케줄을 모두 소화하려면 운동 없이는 버티기 힘들다. 나도 이 업계에서 일하면서 운동을 처음 하기 시작해 지금은 헬스·스키·스노보드·테니스·골프·필라테스·복싱·승마 등 다양한 운동으로 체력을 관리한다. 또 이 업계 종사자들은 애초에 선수 출신이 많아 기본 체력이 굉장히 좋고, 체력 때문이 아니더라도 협상에서 상대를 기선 제압하기 위해 일부러 운동으로 몸집을 키우는 남자 에이전트도 많다.

에이전트들의 이런 마초 같은 성향들 때문에 일과는 무관하게 이상한 자존심 싸움이 크게 벌어질 때도 있다. 어떤 빅게임 전후에 에이전트들이 다같이 묵었던 영국의 호텔 라운지에서의 일이다. 프리미어리그 경기가 TV로 나오고 있었는데, 스페인 선수들을 대리하는 한 에이전트가 동시간에 열리는 자기 선수 경기를 보려고 라리가 중계로 채널을 바꾸자 다른 에이전트가 자리를 박차고 일어나 따지기 시작하더니 결국 몸싸움으로 커졌다. 나는 정말 황당했는데, 한 명이 방에 올라가서 자기 방에 있는 TV로 보면 되는 일 아닌가? 내 생각에는 둘 사이에 더 이상 어느 경기를 보는지는 중요한 문제가 아닌 것 같았다. 험악하게 계속 몸싸움을 이어가 결국 테이블이 엎어지고 잔이 깨지고 모두가 나서 뜯어말린 후에 싸움을 멈췄다. 나는 발을 동동 굴리며 내 에스프레소를 사수하기 위해 애썼는데, 다행히 이 두 덩치의 싸움 속에서 내 조그만 잔을 보호할 수 있었다.

이렇게 살벌한 업계에서 절대 볼 일이 없던 일을 보게 되었으니, 2020년 코로나 19 사태로 리그가 중단되면서부터다. 나는 공놀이 좋아하는 남자애들이 공놀이를 못 보게 되면 어떤 이상 증세를 보이는지 알 수 있었다.

이 업계의 그 마초 같은 남자들은 처음에는 경기를 갈망하고 그리워했는데, 이게 오래되니까 요가, 명상, 레고 조립, 허브티 재배 등 안

하던 짓을 하더니 급기야 종이접기를 하는 남자까지 있었다. 난 사실 코로나를 계기로 처음으로 인생을 쉬어갈 수 있게 되어 너무 좋았기에 모든 휴대전화, 이메일 등 일 연락을 차단하고 일은 완전히 잊고 싶은 심정이었다. 아마도 내 인생에서 가장 여유로운 한 해가 아니었나 싶다(덕분에 이 책도 쓸 수 있었다). 헌데 이 외향적인 직업을 가졌던 남자들이 처음으로 집에만 있어 심심한지 자꾸 자기들의 근육에 어울리지도 않는 새로 생긴 취미와 소소한 일상을 귀찮게 나와 나누고 싶어 했다.

그럴 때마다 나는 "넌 슈퍼 에이전트야! 1천만 유로짜리 협상 테이블을 썩소 날리며 엎어버리는 깡이 있는 애가 종이접기가 웬 말이니, 정신 좀 차려!"라고 말하고 싶은 심정이었다.

Never give up

'에이전트에 필요한 모든 자질을 다 갖춰도 아시아인이라는 것이 에이전트가 되는 데 장애물이 될까?' 하는 질문을 한다면 불행히도 '맞다'라고 답할 수밖에 없다는 게 내 솔직한 의견이다. 아직은 유럽 축구계는 인맥으로 돌아가고, 그 인맥은 유럽 백인 남자들로 이루어진 이너서클에서 파생된다.

하지만 나는 유럽 축구계뿐만 아니라 컨설팅 일을 할 때부터 모든 사업 분야에서, 특히 큰돈이 흐르는 곳일수록 서구인들이 아무리 친분이 있는 사람이 있어도 실력 있는 사람을 우선해 채용하는 것을 많이 보았다. 기본적으로 서구인들은 합리적이다. 10만 유로를 벌어줄수 있는 20년 지기 백인 친구보다 100만 유로를 벌어다 줄 처음 본 동양인을 파트너로 선택하는 게 서구인들의 사고다. 그러므로 위 모든 자질을 갖추었다면 에이전트를 희망하는 아시아인에게 문이 닫혀있는 것은 아니다. 단지 내가 '100만 유로짜리' 아시안이라는 것을 증명해야 할 뿐이다.

그래도 나는
에이전트로 살기로 했다

에이전트 일을 하며 보편적으로 힘든점이 있다면 이 일은 가정을 지키기 참 힘들다는 거다. 출장이 너무많고, 경기가 주로 열리는 저녁과 주말을 가족과 보내지 못하니, 유럽기준에서는 이미 이혼감이다. 대부분의 에이전트와 구단 직원은 해외 출장 마지막 날이 되면 아내 선물을 고르느라 여념이 없다. 집을그렇게 오래 비운 뒤 아무것도 들고 들어가지 않으면 쫓겨날지도 모른다는 것을 경험적으로 아는 듯하다.

한번은 어느 스페인 구단을 대리해 여름에 협상을 진행 중이었는데, 협상에 중대한 의제가 생겨 구단 수뇌부와 꼭 대면 협의를 해야할 상황이 생겼다. 그 수뇌부는 당시 가족 휴가 중이었는데, 여러 명의 관계자가 참조된 전체 이메일이 오가던 중 갑자기 나에게 따로 전화해 이렇게 말했다. "카탈리나, 나 와이프가 올해도 가족 여름 휴가 중에 일 때문에 중간에 가야 한다고 하면 이혼이라 그랬거든. 이번엔 진짜일 수도 있어. 진짜 미안한데, 네가 이리로 와주면 안 될까? 나 마르베야 해변에 있는 리조트야." 나는 결국 비키니를 입고 칵테일을 마시는 사람들로 가득 찬 마르베야 해변 리조트에 혼자 정장을 입고 앉아 이 사람과 미팅을 했다. 이런 식으로 내가 이 업계의 얼마나 많은 이혼을 막아줬는지 모르겠다. 이래서 나는 언젠가 혹시 결혼을 한다면 그 인간들을 다 한번씩 우리집 앞으로 부르겠다고 벼르고 있다.

돈을 둘러싼 배신과 음해가 난무하고, 그 과정에서 소시오패스들을 자주 상대해야 하는 것 또한 에이전트의 어려움이다.

개인적 생각으로 한국에서 인성이 바른 사람이 성공한다고 아이들에게 주입시키는 가르침은 잘못되었다. 빌 게이츠부터 스티브 잡스, 일론 머스크 등 성공한 창업자나 경영자들은 괴짜에 사회성이 부족하고, 이기적이며 독단적이고, 소시오패스적 성향을 가졌다. 이런 지위에 있는 사람들의 흔한 공통점이 타인에 대한 공감 능력이 부족하고, 죄책감을 잘 느끼지 못한다는 것이다. 실제로 심리학적으로 연쇄 살인범과 성공한 정치인 및 기업가를 분석해보면 소시오패스 성향이 무서울 정도로 일치한다고 한다. 단순히 자기 인생에서 집중할 주제를 다르게 선정한 차이 정도라고 봐야 한단다.

악랄하고 이기적인데 승진은 잘하는 상사를 매번 보지 않나? 그런 사람 중에 더 악랄하고 독단적인 사람만 또 추려져 최고경영자가 되니 성공한 사람들의 인성에 기대할 게 없다는 건 당연해 보이는데, 왜 우리는 인성을 바르게 가져야 성공한다는 말을 들을까? 이리저리 생

2018년 PFA 올해의 선수 시상식에 참석했을 때. 이 상은 선수 노조Professional Footballer's Association 회원들의 투표로 선정되는 권위 있는 상으로, 이 해에는 리버풀의 모하메드 살라가 수상했다.

WELCOME TO THE 2018 PFA ANNUAL AWARDS

MEN'S YOUNG PLAYER
OF THE YEAR NOMINEES

각해봐도 그것은 그런 사람들이 한국에서 아랫사람을 다루기 편하기 위해 지어낸 말인 것 같다. '너는 인성이 부족해' '너는 사람이 먼저 돼야 해' 하면서 아랫사람들에게 복종하는 성향을 심어줘야 부리기 편하기 때문인 것 같다.

각 분야의 리더들이 모여 천문학적인 거래를 다루는 이 업계에도 당연히 소시오패스들이 많다. 그렇다면 이 업계에서 성공하려면 소시오패스가 되어야 하나? 그렇진 않다고 본다. 사실은 인간적으로 행동함으로써 얻는 이점들도 존재한다.

나는 재벌이나 왕족으로 태어난 구단주, 그리고 낙하산과 금수저들이 즐비한 구단 의사 결정자들 밑에서 개미처럼 매일매일 몸 바쳐 일하는 실무자들이 어떠한 마음일지 알기에 되도록이면 실무자와 의사 결정자를 같이 만나는 자리가 있으면 실무자에게 공을 돌려주려고 한다. 그렇게 하더라도 의사 결정자들이 이걸 성사시킨 게 에이전트인 나라는 것을 모르지 않는다.

낙하산이나 금수저들은 자기 인생을 단계적으로 올라와본 적이 없어 실무자들이 그동안 흘린 땀의 양을 전혀 모르고 알아주지 못하는 경우가 있는데, 나는 이를 알아주는 것이 직장인에게는 하루를 또 버틸 수 있는 힘이 됨을 잘 알기에 그걸 챙겨주고 싶은 마음이 있다. 많은 에이전트가 주로 권력자와의 관계에만 집중하기 때문에 실무자들은 이를 대단히 고마워하고, 덕분에 사소한 일들에서 도움을 많이 받는다.

언젠가 어느 구단주의 사유지에서 열린 파티에 초대된 적이 있는데, 초대 인원이 상당히 많은 파티였다. 구단주가 직접 참석한다고 알려졌기에 파티에 온 모든 업계 사람들은 그 구단주의 얼굴이라도 보고서 말이라도 걸어보려고 이리 저리 기회를 엿보며 돌아다니고 있었다. 그런데 그 구단주가 나타나 긴 테이블 끝에 앉아 있던 나를 향해 다른 사람들을 모두 지나쳐 걸어 오더니 "나랑 오늘 의논할 게 있다 했었지? 서재로 가지" 하는 게 아닌가. 우리 테이블에 있던 모든 업계 사람들이 눈을 동그랗게 뜨고 부러워하는데, 오히려 나는 영문을 알 수 없어서 속으로는 너무 당황했다. 나는 그 구단주를 이전에 본 적도 미팅을 잡은 적도 없었고, 얘기를 나눌 거리도 없었기 때문이다.

허나 이 업계에서 에이전트가 돼서는 굴러들어온 구단주와의 독대 기회를 날리면 내일 당장 이 일을 그만둬야 한다. 당연히 나는 마치 약속이 원래 잡혀 있었던 양 자연스럽게 일어나 구단주를 따라 서재로 갔다.

"자, 얘기해보게나."

논의할 내용이 없었지만 무엇이든 지어내야 했기에 이것저것 얘기를 늘어놓아 보았다. 경청을 하던 그 사람이 자기 의견을 말하기 시작했는데, 어? 뭔가 이상하다. 이 사람 90년대 구단주들, 수뇌부들, UEFA 인물들을 기준으로 얘기를 하고 있다.

대화를 좀 더 나눠보고서 나는 이 사람이 알츠하이머를 앓고 있다는 사실을 깨닫게 되었다. 업계에 전혀 알려지지 않은 사실이어서 내게도 충격적이었다. 아마 그 때문에 나를 누군가와 착각해서 서재에서 얘기를 하자고 한 것 같다. 이 사람은 일명 '문고리 2인방'으로 알려진 실무자 두 사람에게만 보고를 받고 의사결정을 전달하는 것으로 유명했는데, 그 이유를 알 것 같았다.

독대를 마친 후 나는 그날 파티에서 제일 중요한 사람과 30분이나 홀로 대화를 했으므로 미련 없이 바로 집에 갔다. 그런데 내가 떠난 뒤 뒤늦게 나타난 구단주 비서가 미친 듯이 곳곳을 뒤지며 나를 다급히 찾았다고 한다. 다음날 아침 문고리 2인방도 번갈아 나에게 전화를 해댔다.

물론 나도 고민을 했다. 이 구단이 숨기고자 하는 정보를 우연히 손에 넣게 되었고, 이를 활용해서 이권 사업 하나를 따낼 수 있을 것 같았다. '그렇게 하지 않으면 나도 에이전시를 운영하는 대표로서 책임이 있는데 직무유기지?' '다른 에이전트가 독대했다면 이걸 이용 안 했겠어?' 하는 생각도 들었다.

마음을 바꾼 것은 이 문고리 2인 중 1인 때문이다. 구단주 집사로서 온갖 허드렛일을 다 맡고 있다고 알려져 있었는데, 산전수전 다 겪었을 이 사람의 통화 너머 목소리가 덜덜 떨리고 있었다. 그는 우리 런던 사무실로 나를 곧장 찾아오고 싶다고 했다.

이 사람들이 두려워하는 게 소문이 아니라 해고라는 것을 깨닫게 되었고, 내가 이 비밀을 심지어 협상 카드로 쓰면 어제 다급히 나를 찾아다녔다는 비서와 문고리 2인방을 비롯해 많은 사람이 책임을 지게 될 것임을 알았다. 연민의 감정을 느꼈다.

'구단주와 좋은 대화를 나눴고, 비즈니스와 무관한 일상 대화였다. 구단에서 신경 쓰거나 대응해야 하는 대화는 없었으니 찾아오실 필요 없다'라고 하자. 긴가민가한지 계속 얘기를 이어가려고 하기에, "병에 대해 알고 있어요. 대화 중 깨달았지만, 어디 이용하진 않을 겁니다. 그것 때문이라면 더더욱 오실 일 없습니다. 비서 분한테도 걱정 말라고 전해주세요"라고 하자 몇 초간 조용히 있더니 그 사람은 전화를 끊었다.

사실 어떤 사람의 병을 이용해 이권을 따낸다는 것이 별로 내키진 않았기에 100% 실무자들에 대한 연민 때문에 그 유혹을 접은 것은 아니었지만, 내게 전화했던 그는 이 일을 고맙게 여겼는지 나중에 해당 구단과의 업무에서 많은 도움을 주었다.

친해진 뒤 그가 흥미로운 얘기를 했는데, 그 사람이 업계에서 만난 아시아인은 모두 어느 구단주나 스폰서 기업 오너 일가 같은 재벌들이라서 자기는 나도 재벌가 출신인 줄 알았다고 한다. 그래서 그때 비서 분 걱정 말라고 전해달라는 내 말에 '재벌가 여자 중에 이런 사람도 있나' 싶어 정말 감동했었단다. 그래서 내가 "야 재벌은 무슨, 나 회사 다닐 때 생각나서 짠해서 그런 거야" 했더니 크게 웃었다.

이 업계에서 사람 같지 않은 인간성을 가진 인간들에 놀라다가 왜 들 다 저런가 생각해보면 거꾸로 저래서 다들 성공했구나, 하는 씁쓸한 깨달음이 올 때가 있다. 실제로 인간적인 행동이 득이 아닌 손실로 되돌아올 때도 있다. 하지만 그런 부분에 상처받지 않고, 동요하지 않고, 내 페이스를 유지하며 협상을 이기는 것 또한 에이전트로서 중요한 자질이다.

유럽 축구계에서
'한국인 에이전트'가 되고 싶다면

이 일은 정년 퇴임 나이가 따로 없기에

은퇴 시기가 정해져 있지는 않다. 다만 에이전트 수익의 가장 큰 부분은 성공 보수가 차지하기에 에이전트들은 기본적으로 직장에 들어가 월급을 받는 성향으로 다시 돌아가기가 힘들고, 보수가 더 적은 구단이나 리그 사무국으로는 잘 들어가지 않는다. 에이전트 일을 하면 업계 정보에 빨라지고, 각 구단과 리그의 사정에 밝게 되므로, 보통은 자기 에이전시를 차려 업계 내 사업에 발을 들이게 된다. 예를 들어 중계권을 독점 인수하기도 하고, 한 구단의 상업 계약권을 독점 구매하기도 하며, 한 선수의 초상권을 인수하기도 한다. 그러다가 은퇴할 나이가 되면 이미 유럽 축구계에서 업무 능력 자체보다 '얼굴'이 중요한 인물이 되어 회사 운영은 실무자들에게 맡기고, 중요한 만남에 잠깐 얼굴을 비추거나 실무선에서 풀기 어려운 갈등을 인맥을 활용해 풀어주는 역할을 하게 된다.

지금까지 에이전트로서의 삶에 대해 이야기해보았다. 많은 한국 사람들(특히 축구팬들)이 유럽 축구 에이전트가 되고 싶어 하고 나에게 어떻게 하면 에이전트가 될 수 있냐고 물어오기도 하는데, 이 내용이 도움이 되었는지 모르겠다.

전 세계 많은 분야에 한국 사람이 진출해 있는데 유독 유럽 축구계에서는 한국 사람을 볼 수가 없다. 겨우 있는 인원은 구단의 SNS 계정 관리하는 이들뿐인데, 외주나 계약직이라 구단 정식 직원으로 인정되는 자리가 아니며, 업계 입문으로 이어지지 않는다. 특히 주요 에이전트나 구단 운영진 같은 중요한 역할을 하는 한국인은 단 한 명도 보지 못했다.

사실 한국에서 해외로 취업이나 이직에 성공하는 사람이 많지 않은 이유는 비단 언어 장벽 때문만은 아니다. 한국은 직급이 연차에 영향을 받는 구조로 된 기업이 많고, 유교 문화의 영향으로 나이에 따른 커리어의 제약이 아직도 상당하다. 게다가 요즘은 스펙을 쌓으며 졸업을 미루는 경향이 많고, 남자들은 군대 2년이라는 추가 지연까지 있어서 첫 직장을 얻는 나이가 30살 가까이 또는 그 이상으로 늦어지고 있다.

영국은 대학이 3년이라 한국보다 1년 절약이 되기도 하지만, 학교에 오래 머물러 있는 사람을 회사에서 찾지 않는 사람으로 여기기에 보통 22살에 대학을 졸업하고 바로 일을 시작한다(석사를 딴다 하더라도 일을 겸하지 않으면 커리어가 잘 안 풀려 학교로 돌아갔다고 여길 만큼, 학교보다는 일 경력을 멈추지 않고 쌓는 것이 매우 중요하다). 이 영국인이 32살에 10년차가 된다고 하면 한국에서 32살에 첫 직장을 가진 사람과 벌써 경력이 10년 차이가 난다. 10년의 업무 경험 차이가 실무에서 얼마나 무서운지는 모든 직장인이 쉽게 이해할 수 있을 것이다.

유럽 축구계에 한국인 수뇌부가 전혀 없는 건, 일단 입문에 성공한 한국인 자체가 거의 없기 때문이기도 하지만, 사실 한국 기업 내부의 업무 경험과 직급 체계의 문제를 생각해보면 수뇌부가 될 만한 인재가 양성되기 힘든 게 더 큰 문제 같다.

한국 기업에서는 인재를 채용하고도 하찮은 업무에만 '뺑뺑이'를 돌리고, 의사결정 권한은 전혀 주지 않는 경우가 태반인데, 이런 방식으로는 업무 책임자에 걸맞은 능력을 키우기가 어렵다. 한 예로 유럽 축구계 에이전트가 되려면 연간 백억에서 천억, 다년간으로 따지면 수백억에서 수천억에 달하는 계약을 기획부터 시작해 대상 접촉, 계약 조건 협상, 계약서 작성 등까지 모든 과정을 오로지 홀로 책임질 수

사업을 키워나가고 레알 마드리드 한국 아카데미를 오픈하면서 서울에도 사무실을 열게 되었다.

있어야 한다. 그러나 한국 기업의 업무 구조는 이와 관련된 업무를 접해보고 전체 과정의 의사결정을 스스로 내리고 책임질 수 있는 능력을 지닌 사람을 키우기가 굉장히 힘든 구조다.

반드시 연차로 승진하지는 않는 유럽 기업에서는 능력만 된다면 자기 분야에서 10년차가 지나는 35살쯤에는 임원을 다는 것이 가능하다. 따라서 여기서 이미 같은 30대 중반 나이의 한국인과는 임원과 대리 정도의 직급차까지도 생긴다. 축구계에서도 실제로 몇 년 전 웨스트햄 최고재무책임자CFO가 됐던 이는 당시 겨우 30대 중반에 불과했다. 한국에서는 보통 대리, 과장에 불과한 나이인 사람이 10년 이상 경력을 쌓아 임원이 되어 미팅 상석에 자리 잡는 일은 실제로 자주 보는 일이다. 현 맨시티 CEO인 페란 소리아노는 45세에 맨시티 CEO가 되었는데, 그 이전 바르셀로나의 운영진으로 임명됐을 때는 불과 36세였다. 이처럼 한 번 임원급으로 올라간 사람은 따로 분류되어 인력 시장에서도 아래 직급으로 내려가는 수직 이동은 하지 않고, 기업의 임원만 두루 거치는 수평 이동만 하기에 50대 중반에는 다양한 기업(구단)의 임원 경력만 20년차가 된다. 50대 중반에 임원을 처음 해보는 사람들이 어떻게 이들과 경쟁이 되겠나?

이런 구조적 차이가 결국 한국인이 유럽 기업(구단)으로 이직하는 걸 어렵게 만들고, 유럽 축구계의 핵심 인사로 자리 잡기란 사실상 불가능해진다.

되돌아갈 다리를
불태워라!

하지만 젊은 사람들의 입문이 없는 것이 오로지 구조적 차이에서만 오는 제약일까? 한국 젊은이들이 커리어를 대하는 자세를 보면 자기 커리어의 정점을 50대, 60대로 인지하고 있다. 그렇다고 주입받았기 때문이다. 런던의 전문직 시장은 영국인이 50%도 되지 않는다. 전 세계에서 모여든 인재들이 있고, 그들의 나이대는 다양하다. 그들이 커리어 정점에 올랐을 때의 나이도 다양하다. 커리어는 반드시 나이와 정비례하지 않는다. 단지 한국에서는 연장자들이 자기보다 어린 사람을 밑에 두는 것이 편하기에 그렇게 믿도록 주입하고 있을 뿐이다.

기본적으로 커리어를 쌓는 데 가장 중요한 나이는 20대와 30대이다. 20대와 30대에 쌓은 실력을 40대부터 더 펼치며 사는 게 통상적인 커리어지, 40대에 20, 30대에 없었던 실력이 갑자기 생기는 일은 매우 드물다. 따라서 20~30대에 정신 똑바로 차리고 살아야 한다. 그 시기에 일을 제대로 배우고, 프로 수준으로 실력을 끌어올려 경력을 똑바로 쌓지 못하면 40대에 갑자기 전문가 행세를 할 수가 없다.

그렇다면 커리어의 정점은 40대부터 가능하다는 얘기인가? 그렇지 않다. 본인의 업무 습득 능력만 빠르다면 오히려 그보다도 빠를 수 있다. 말했듯이 나는 이곳에서 30대 수뇌부도 보았고, 하부리그 구단이긴 해도 20대 후반 구단주도 보았다. 인생의 하이라이트가 몇 살일지는 모르는 것이다. 어떠한 사람들은 타고난 재능이 뛰어나 20대부터도 세상을 바꿀 아이디어를 갖고 있다. 그 아이디어가 40대, 50대가 되어서는 짜내려고 해도 짜내지지 않는 아이디어일 수도 있다. 어떤 사람은 자기 운을 바꿀 기회를 30대에 만날 수도 있다. 운이 연차가 충분히 쌓인 사람에게만 찾아가는 것은 아니다. 운은 인생의 어느 순간에 예고 없이 코너를 돌면 나타난다. 그런 순간 모든 걸 버리고 그 운에 커리어를 걸어볼 용기가 있는가? 유럽 축구계의 키플레이어가 되려면 그런 용기가 필요하다.

군대에서 유래한 영국 관용 표현 중 'Burn the Bridge'라는 표현이 있다. 군대가 진격을 할 때에는 되돌아갈 다리를 태운다는 뜻이다. 진군 도중 맞닥뜨리게 될 갖가지 어려움에 굴하지 않고 전진만 하겠다는 강렬한 의지가 담겨 있다. 에이전트 일도 마찬가지다. 구단을 대리해 협상에 나설 때 두 번의 기회라는 것은 없다. 나는 항상 이미 되돌아갈 다리는 불태웠다는 심경으로 협상 테이블에 앉는다.

최근 유럽 구단 수뇌부 멤버들과 굉장히 흥미로운 토론을 한 적이 있다.

"여기까지 온 축구선수들 집안은 도대체 왜 다 가난한 걸까?"

"치열함 때문이야."

"맞아. 골프 같은 스포츠는 적어도 골프채 잡는 게 자연스러운 집에서 큰 애들끼리만의 경쟁이지만, 축구는 어릴 때 축구 안 해본 남자가 없다고."

"사실상 자기 나이대 전국 모든 아이들과 경쟁을 하는 건데, 재능이랑 노력만으로는 부족해."

"'나는 축구밖에 가진 게 없다. 나는 돌아갈 곳이 없다' 같은 절박함이 있어야지."

"집이 적당히 살고, 축구 아니어도 일반 대학 진학이나 다른 진로도 생각할 수 있는 환경에서 자란 애들은 절박함에서 밀릴 수밖에 없어."

우리가 아는 유럽 축구계 톱클래스 선수들은 모두 저런 치열함을 가지고 자기가 지나온 다리를 하나 하나 불태우며 앞만 보고 진격한 사람들이다.

유럽 축구계 톱에이전트가 된다는 것도 이와 유사하다. 거의 대부분의 남자는 스포츠계를 동경하며 자라고, 그중 축구가 가장 보편적이면서도 인기 많은 스포츠이다. 당연히 그 최상위점에 있는 유럽 축구계에서는 상상 못 할 경쟁이 매일 벌어지기에 돌아갈 다리를 불태우지 않고 언제든 물러날 구석을 마련한 사람은 버텨나갈 수 없다. 100을 다하지 않는 자는 절대 100을 다하는 자에게 이길 수 없다.

한국의 시스템대로 했던 한국 청년들 중에 유럽 축구계 진출에 성공한 사례는 지금까지 없었다. '한국의 시스템대로 하면 진출할 수 없다'라는 결론을 내릴 수도 있지 않을까. 유럽 축구계에 정말 진출하고 싶으면 한국의 시스템에서 탈피할 용기가 먼저 필요하다.

나는 20대 때부터 30살까지 성취할 목표, 40살까지 성취할 목표, 50살까지 성취할 목표 같은 것을 세워놓고 일하지 않았다. 매년 '올해가 내 인생의 전성기이다'라 여기고 살았다. 올해도 나는 내년에 당장 은퇴를 해도 후회 없게 일하겠다고 생각하며 일했다. 그래서 코로나 위기라 해도 업계 사람들에게 '가만히 앉아 고인 물이 되어 썩어갈 것이냐'고 독려하며 프로젝트를 예년처럼 똑같이 추진했다.

지금도 나는 내가 채용하는 젊은 직원들에게 꼭 이렇게 말한다.

'난 내가 20대에 할 수 있었기 때문에 너도 20대에 할 수 있다는 것을 안다. 이전 직장에서 너가 어리므로 미팅에 동석할 수 없고, 네가 어려서 뭘 모르니 의사 결정에 참여해선 안 된다며 하찮은 일만 시킨 상사가 있었다면 그건 네가 뭘 잘 아는 사람일까봐, 자기를 밟고 올라설 무서운 인재일까 봐서야. 그들의 두려움과 이기심에 가려져 가장 찬란한 너의 20대, 30대를 흘려보내서는 안 된다'라고.

한국 청년들이 어느 나이에 무엇을 해야 하고, 어느 나이에 어느 위치에 있는 것이 나이에 걸맞다는 갇힌 생각에서 깨어나기를 바란다. 젊을수록 빛나는 다이아몬드일 수도 있다. 나이 때문에 못 한다는 제약에서도 또는 지금 나이가 주는 작은 안락함에서도 모두 벗어나기를 바란다.

차별은
나의 힘

"
한국은 나를 낳아주고 키워주었고
유럽은 나를 받아주고 성장시켜주었다.
그래서 나는 두 사회에 모두
고마운 마음을 가지고 있다.
"

VIP석에서 내려다본 터널과 피치
구단을 대리해 협상해 영입에 성공한 어린 선수가
첫 데뷔전을 위해 이 터널을 지나 피치에 발을 내딛을 때의 감격은
에이전트의 일 중에서도 남다르다

차별은 나를
성장시켰다

난 성장 배경에서 차별과 소수자 지위에 익숙해졌던 것 같다.

처음 대원외고에 진학했을 때 학교에는 삼성 이건희 회장의 딸부터 집권여당의 당대표 조카, 장관 딸 등 특별전형입학자들과 외국에서 편입한 편입생들이 즐비했다. 그들을 보며 나처럼 입학시험을 보고 들어온 평범한 아이들은 '나는 시험을 봐서 정당히 들어왔는데 왜 쟤네는 누구 아들딸이기 때문에, 집에 돈이 많기 때문에 같은 학교 이름을 노력 없이 부여받는 것인가' 하는 생각을 하지 않을 수 없었다.

하지만 같이 매일 학교를 다니고 점심, 저녁 양치질을 같이하며 어울리는 가운데 그 아이들도 그런 집안에서의 기대에 부응해야 하는 부담감을 안고 사는 고충이 있으며, 배경을 떠나 10대 아이일 뿐이라는 점을 깨닫고 친구로 마음을 열게 됐다. 세상에 낙하산과 금수저라는 게 존재한다는 사실에 분노하는 이들도 있다. 하지만 나는 일찍부터 그들이 전체 파이의 일부를 고정적으로 선점하는 게 당연하다고 받아들였던 것 같다. 예를 들어 '내가 가려는 대학 정원이 본래 2700명인데 저들의 수를 감안해 3000명을 뽑는 것이다. 저들이 2700자리의 공정한 경쟁을 저해하는 게 아니다'라고 여겼다. 그렇게 여겨야 내가 미치지 않고 살 수 있었다.

이 사고는 유럽 축구계에 적응하는 데도 도움이 되었다.

유럽 축구계에도 누구누구 아들이라 입문한 낙하산들이 존재한다. 그들은 물론 나보다 실력이 없을 수 있고, 나보다 입문이 손쉬웠을 수 있다. 하지만 그들의 인맥이 업계에 기여하는 점 또한 분명 있었고, 업계가 그런 것을 허용해왔던 이유도 존재했다. 낙하산들이 먼저 다 차지하고 남은 자리를 내가 꿰차야 한다는 현실을 받아들이는 것이 필요했는데, 나는 고등학교 때의 경험 때문인지 그 수용이 빨랐다. 바닥부터 올라온 노동자 계층 출신의 영국 에이전트들이 이 낙하산들과 각을 세우는 것을 많이 보았는데 그 에이전트들에 비해 나는 유럽 축구계의 낙하산 내지 금수저들과 조금 더 부드럽게 관계를 가져갈 수 있었다.

고려대학교에 진학했을 때도 비슷한 일이 있었는데, 고대의 성비는 본래 5:5에 가까웠지만 무슨 연유에서인지 나는 남녀 성비가 9:1인 반에 배정이 되었다. 옆 반은 반대로 1:9였기에 우리는 행정 실수를 의심했으나 조정이 되지 않고 학년을 보내게 되었다. 남자 90%인 동기들과 대학을 다니는 과정은 쉽지 않았으나 다행히도 나중에 사회에 나왔을 때 1% 여자로 남자들 세계에서 일하는 것이 낯설지 않게 해줬다.

여담으로 유럽 축구 빅게임에 첫 직관 초대를 받으면 그 분위기와 응원 열기에 압도당하는 에이전트들도 많은데, 농담이 아니라 난 응원만 놓고 보면 고연전이 프리미어리그 더비보다 재밌다고 생각한다. 한번은 일부러 에이전트들끼리 VIP석에서 내려와 팬들 사이에서 일반인인 척하며 축구를 관람한 적이 있는데 맨날 비즈니스 관계인 사람들과 보다가 팬들과 어울려 응원가를 부르며 관람하니 정말 신났다. 이때 같이 내려온 다른 에이전트가 "이런 거 본 적 없지?"라길래 대답했다 "이거보다 재밌는 거 본 적 있지. 나 한국서 대학 다닐 때 우리 학교축제."

그런 자리에서 남자 에이전트들과 잘 어울리기에 남자 에이전트들도 나와 함께 일하는 것을 어색해하지 않는 것 같은데, 여기에도 성비로 볼 때 소수자로 다닌 대학 때의 경험이 도움이 되었다고 생각한다.

유럽 축구계에서 일하며 동양인으로서 또 여자로서의 차별을 어떻게 극복했는가 하는 질문을 자주 받는다. 위와 같은 태도가 내 대답이 될 것이다. 차별을 차별이라 여기지 않는 것, 그리고 차이와 서로 다른 처지를 수용하고서 내가 할 수 있는 일을 하는 것이다.

낯선 존재, 여자 에이전트

보통 한국 사람들은 유럽 축구계가 여자에 대해 배타적이고 차별이 심할 것이라고 짐작하는 듯하다. 그러나 경험해본 바로는 여자라는 점이 업무에 미치는 영향은 케이스 바이 케이스였던 것 같다. 성차별이 아직 사회 내에 팽배한 남유럽 같은 경우는 내가 여자라고 해서 나를 차별했다기보다는 여자 에이전트를 어떻게 대해야 할지 몰라 우물쭈물하는 것을 종종 보았다. 라리가 첫 만남 때 한 나이가 지긋한 라리가 부회장이 들어와서는 나를 보고 상당히 당황하더니 악수하려고 내민 내 손에 키스를 하는 게 아닌가. 이건 중세시대 때나 있던 유럽 귀족식 인사인데 그 시절에도 보통 손에 키스를 받는 여성은 드레스를 입고 있어야 하기에 까만 정장 입고 서 있던 내 손에 키스를 하는 건 상당히 우스꽝스러운 일이었다. 그 사람은 사실 나를 보고 쇼크로 정신이 잠시 나갔다는 말이 더 맞는 것 같다. 아마 데려온 사람이 사전에 내가 젊은 아시아인 여자라는 정보를 전혀 주지 않았던 모양이다.

이미 다른 실무자와 상당히 진행이 된 프로젝트였고 여러 가지 개선해야 할 점이 있어 가진 미팅이었기에 앉자마자 빠른 속도로 문제를 지적하기 시작하자, 그 사람은 '생전 처음 여자랑 이런 미팅을 해야 하는데, 그리고 아시아 여자들은 남자 말 잘 듣고 수동적이라 들었는데, 이 여자는 대체 뭐지? 게다가 내가 이 바닥 경력이 몇 년인데 뭔데 나를 몰아세우지?' 하는 생각에서인지 기분이 별로 안 좋아 보였다.

이런 이유로 이 사람과 일하면서 초반에 상당히 험난한 과정을 거쳐야 했지만, 그래서 내가 손해를 보았을까? 천만에. 익숙하지 않아 시간이 필요했던 것은 저쪽이고, 나한테 저쪽은 지금껏 숱하게 거래해온 유럽 백인 남자였기에 난 적응이 필요하지 않았다. 난 그 사람이 오히려 손해를 봤다고 생각한다. 축구계에서 에이전트와의 모든 미팅은 협업이자 동시에 협상인 자리인데, 지피지기면 백전백승인 협상에서 상대에 적응하는 데 오래 걸린 쪽이 당연히 더 손해이다.

그 사람은 1~2년 뒤 라리가를 떠나게 되었는데 영어를 못 하는 점, 글로벌 프로젝트에 부적합한 점이 해고사유로 크게 작용했다고 들었다. 그 사람이 중세시대에 머물러 있어 라리가가 손해 본 것이 나와의 일 하나가 아니었던 모양이다.

그 외 차별이라기보단 여자라서 불편한 점은, 구단 시설이나 트레이닝센터에 실사를 하러 가야 하는 프로젝트에서는 그 거대한 장소를 샅샅이 봐야 하는데, 이 남자들이 힐 신은 여자에 대한 배려를 눈곱만큼도 하지 않는다는 점 정도이다.

남자들이 하는 축구로 돈 버는 여자

노골적인 성차별은 오히려 한국에서 겪었다.

언젠가 국내 한 구단을 방문했을 때 자기네 감독과 인사를 시켜주겠다며 데려갔는데 그 감독은 "경기날은 재수 없어서 여자랑 악수하지 않는다"라며 악수하려고 내민 내 손을 뿌리치고 지나가더라.

예전 인터밀란 선수들과 만났을 때 에릭센 선수가 내가 키가 작은데 뒤쪽에 서 있던 탓에 인사하러 내민 내 손을 못 보고 지나친 적이 있다. 그는 일행이 다 지나간 뒤에야 깨닫곤 길을 뒤돌아와 아까 가려져 있어 못 봤다고 미안하다며 다시 손을 내밀었다. 나는 그 기억과 이 경험이 대조되며 고국에서 당하는 성차별에 속으로 매우 씁쓸했다.

종종 축덕이라는 한국 남자들은 나한테 "만나기 전에는 축알못일 줄 알았는데 만나보니 축구 정말 잘 아시네요"라는 말을 하기도 했다. 자기는 축구를 취미로만 알고 나는 직업으로 하는데 자기가 나한테 할 말이 아니지 않나? 방송국에 방청 온 방청객이 녹화 끝나고 피디한테 "방청 오기 전엔 '방송을 알겠어?' 했는데 생각보다 방송 잘하네요?" 하는 것과 무슨 차이인가. 직업인으로서 어떤 분야에 종사할 때 가지는 지식의 깊이와 무게를 전혀 모르는 발언이다.

사실 저 말은 "만나기 전에는 (여자니까) 축알못일 줄 알았는데 만나보니 축구 정말 잘 아시네요"라는 말에서 '여자니까'를 숨긴 것뿐이지 성차별적 사고에서 나온 발언 아닌가. 그래도 적어도 저 발언을 한 사람들은 대부분 칭찬 내지는 감탄의 의도였기에 나쁘게 생각하지 않으려고 했다. 다만, 궁금한 것은 어떻게 축알못이 전세계에서 가장 경쟁력 있는 에이전트들만 일하는 업계에서 이 일로 돈벌이를 하고 있다고 생각했던 걸까 의문이다.

어떤 한국 사람들은 내 성공의 배경에 서양인 남자친구와의 교제나 서양인 남자와의 결혼이 있었을 거라 단정 짓기도 했다. 기본적으로 선진국에서 이너서클에 진입한 여자들이 이너서클 안에 속한 남자의 도움을 받았을 거라고들 여기는 경향 때문인 듯한데, 글쎄 이건 너무 19,20세기 얘기 아닌가? 지금껏 축구계 남자와 교제한 적이 한 차례도 없고, 결혼하지도 않았음에도 한국 사람들은 끊임없이 이런 얘기를 원하는지 다양한 시도로 그 얘기를 끄집어내려다가, 정말 없다는 걸 알면 부모님이 지원을 해줬냐고 묻곤 했다. 22살 이후 부모님한테 1원도 지원 받아본 적이 없는 나로서는 '내가 남자였어도 나 혼자 힘으로 성공했을 리가 없고 재정이나 인맥으로 도움을 준 누군가가 있었을 것이다'라는 의심을 이 정도로 끊임없이 했을까 생각하지 않을 수 없었다.

유럽 축구계 빅클럽 어디에서도 '여자라 축구 모를 줄 알았는데 잘 아네' 같은 말은 들어본 적이 없다. 그런 사람이면 자기들과 만날 수조차 없도록 이 업계 시스템이 돌아가고 있다.

여자와 일을 하는 문화에 이미 익숙한 서유럽과 북유럽 같은 경우는 축구계에 여자가 아무리 적다 하더라도 내가 여자라는 이유로 티가 나게 다르게 대하는 것을 보기는 어렵다. 다만, 티를 내지 않는 것은 사회적 의무감 내지는 직장 내 성차별 금지법 등 규제에 의한 것이지 여성이라는 점이 유럽 축구계에서 주류로 일하는데 보이지 않는 차별이나 제약으로 작용하지 않는다는 건 아니다. 실례로 나는 지금까지 유럽 축구계에서 일을 하며 나 외에 빅클럽과 일을 하는 여자 에이전트를 본 적이 없다. 수뇌부 자리에 오른 여자는 겨우 2명 보았다. 일반 실무자로 넓혀 찾아보아도 유럽 내 대부분의 클럽들이 고용법에 정해진 대로 일정 수의 여자를 채용하고는 있지만 대부분 직책이 낮거나 프로젝트를 보조하는 역할이다(아직 사회적 성차별이 심한 스페인 이탈리아 구단들은 노골적으로 안내데스크나 비서직에 주로 외모가 출중한 여자로 뽑아 배치한다). 그만큼 유리천장은 분명 존재한다.

하루는 전세계 축구 수뇌부와 에이전트, 스포츠 미디어 관계자들이 오는 컨퍼런스에 초청되어간 적이 있는데 유일하게 본 여자들은 미디어 관계자였다. 그리고 유일하게 본 아시아 남자들도 스폰서 기업 오너들이었다.

여자가 적을 거라고는 예상했지만 2박3일간 다녀간 사람을 모두 합하면 1천여 명 된 행사였다고 하는데 본 여자는 10여 명도 되지 않았던 것 같다. 세미나가 열릴 때 뒤에서 지켜보니 사람들 뒷모습의 반은 대머리더라. 물론 죄다 남자고. 속으로 '머리숱으로는 내가 업계 1위인것 같네' 하는 생각을 했었다.

머리숱으로는 내가 업계 1위

여자가 축구 에이전트 일을 하는 것은 유럽에서도 흔한 일은 아니다. 유럽 사람들도 축구 에이전트라고 하면 보통 떠올리는 것이, 덩치 엄청 크고 "나는 축구 에이전트다!!" 하며 마초 냄새를 풍기며 등장하는 무식쟁이들 같은 이미지다. 그래서 내 유럽 친구들은 아직도 그런 남자 에이전트들이 큰 덩치를 밀고 들어갈 때 조그만 내가 칵테일 드레스 입고 들어오면 어떤 황당한 표정을 짓는지 같이 가서 한번만 구경하면 안 되냐고 농담을 하곤 한다.

때문에 어디 가서 직업을 밝혔을 때 유럽인들도 놀라고 신기해하곤 한다. 출장 시 입국심사에서 체류목적과 직업 등을 물을 때 내가 대답하면 입국심사대 직원마저 어느 구단과 일을 하냐며 궁금해하고 자기네 도시 빅클럽 에이전트라는 사실에 깜짝 놀라곤 한다. 그중

우크라이나 키예프에서 열린 2017-18 챔스언스리그 결승전 풍경.

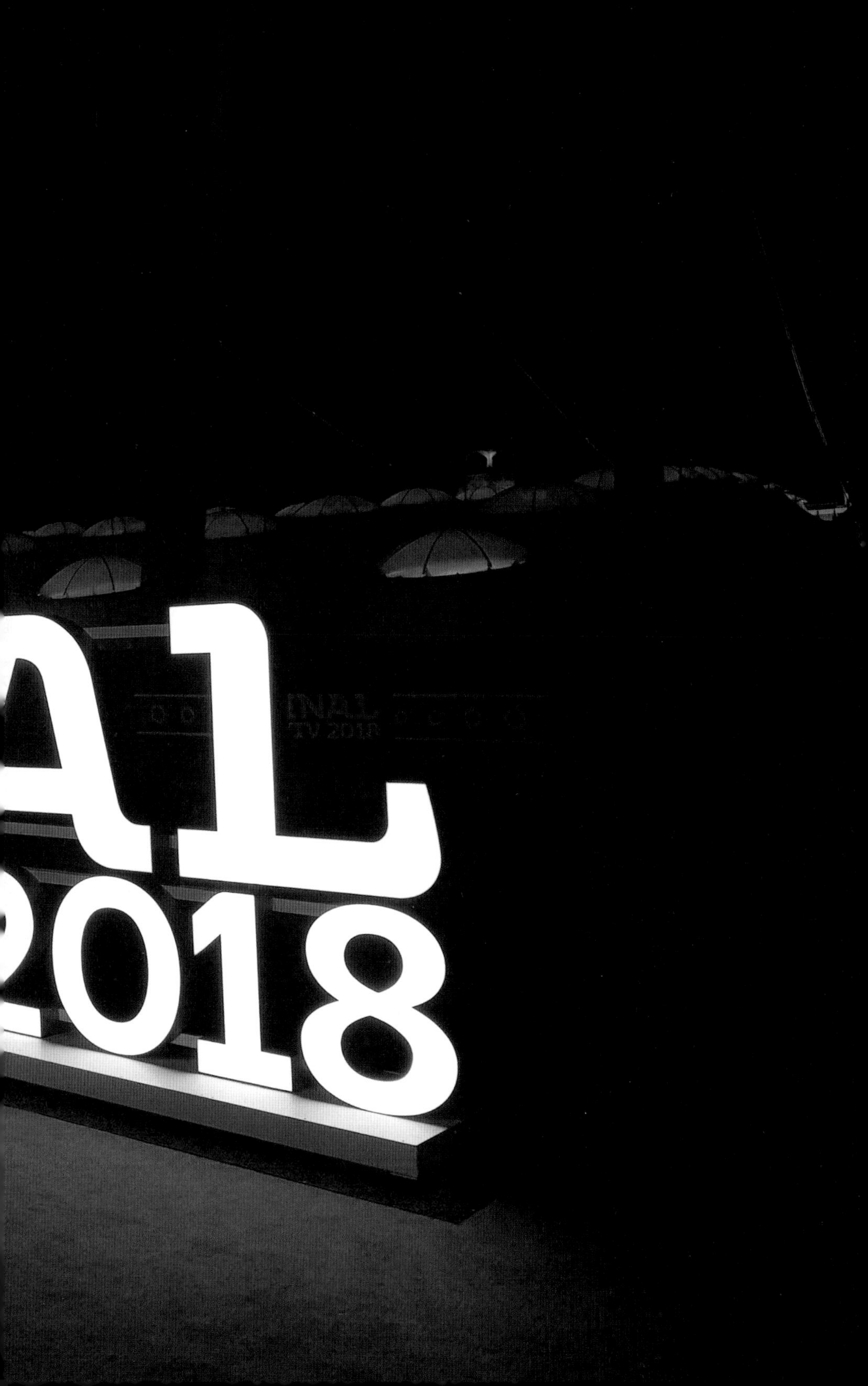

제일 웃겼던 사람은 2018년 챔피언스리그 결승전이 열린 우크라이나 키예프 입국심사대 직원이었는데, 동유럽은 특히 성차별이 심하다 보니 여자 에이전트라는 건 상상조차 되지 않는지 내 여권을 한번 보고, 내 얼굴을 보고, UEFA가 보낸 초청장을 보고, 다시 내 여권을 보고, 내 얼굴을 보고, 초청장을 보는 것을 서너 차례 반복하며 도무지 이해가 안 간다는 표정으로 갸우뚱거렸다. 내가 "축구 에이전트고 결승전 보러 온 것 맞아요. 1박 체류 예정이고 UEFA 호텔서 묵고요"라고 하자 겨우 나를 놔줬다.

한번은 어디 멤버십에 가입하는데 직업을 묻기에 'Football Agent'라고 했는데, 나중에 집에 배송되어온 내 멤버십 개인정보 직업란에는 'Food Agent'라고 적혀 있어 웃기도 했다.

여자가 하기에 특이한 직업이기도 하고 축구팬들이라면 축구 에이전트라는 직업에 로망이 있기에 직업을 밝히면 어디 가나 관심을 많이 받곤 한다. 은행에 갔을 때도 직업란에 'Football Agent'라고 기입하자 맨유팬이라는 그 사람은 자기가 맨유 에이전트가 될 수 있다면 이 은행 내일 바로 그만둘 수 있다고까지 했다. 사실 직업란에 'Football Agent'라고 적으면 너무 질문이 많고 시간이 지체되기도 하여 가끔 이를 피하기 위해 'Consultant'라고 적기도 할 정도이다.

남자들이 많은 업계이다 보니 성희롱이나 성추행이 자주 있진 않을까 걱정들 할지 몰라도 이는 유럽을 너무 모르는 얘기다. 성희롱/성추행은 주로 말과 신체접촉으로 이루어지는데, 유럽에서 여직원이나 여자 동료한테 동의가 없는 신체접촉과 불쾌감을 주는 언행을 한다는 것은 자살행위다. 유럽 내 노동법으로 볼 때 본인 신세뿐만 아니라 조직도 망하게 만들 수 있는 대단히 위험한 행동인데, 영국서 법 공부를 한데다가 변호사들과 가깝게 일하며 계약 협상을 직업으로 하는 나 같은 여자에게 그런 언행을 할 만큼 업계 남자들이 멍청하지는 않다.

조심해야 한다는 것을 충분히 알고 있기에 출장에서도 모든 일정을 같이해도 새벽에 한 방에 모여 축구를 볼 때만큼은 나를 초대하지 않는다. 제의 자체가 오해를 살 수 있고, 내가 여자이기에 호텔 방 같은 공간에 남자들과 있다는 것이 불편할 수 있다는 것을 알아서 배려해주는 것이다. 또 출장 시 방도 특별히 방이 부족한 상황이 아니라면 내 방은 다른 남자 일행과 붙어 있는 방으로 잡지 않고 되도록 같은 층으로도 잡지 않는다. 또 각자의 방에 있다가 혹시 전달받아야 하는 서류나 물품이 생기더라도 절대 '내 방으로 와라' 내지는 '내가 네 방으로 갈게'라고 하지 않고 1층 로비에서 만나기로 하고 전달받는다. 그래서 나는 한국에서 안희정 사건이 터졌을 때 안희정이 비서에게 자기 호텔 방으로 담배, 맥주 등 물건들을 가져오게 시켰다고 하여 문화 차이에 굉장히 놀랐다. 서양에서는 여자 직원이나 동료가 자기 방 앞에 와서 불편한 공기가 감돌 상황 자체를 만들지 않는다. 수고롭긴 하지만 공개된 로비에서 만나는 것이 서로 오해가 없고 깔끔하기에 이는 유럽 기업 문화에서 남녀간에 지키는 일종의 불문율이다.

물론 업계에 남자들이 많고 파티가 많다 보니 가끔 가슴골을 쳐다본다거나 다리를 훔쳐본다거나 하는 남자들도 있지만 그런 것까지 성희롱이라고 여길 필요는 없는 것 같다. 눈알을 자기 의지로 매초 쉼 없이 통제하는 걸 어려워하는 남자들이 많으니까. 보통 자기도 모르게 눈알이 혼자 벌이는 일이다.

사실 남자들과 일을 하며 차별을 받거나 불편하다기보다는 이제 너무 편해져서 나 스스로가 가끔 다 남자고 나만 여자인 것을 까먹을 때가 있다. 한번은 같이 이동을 하는 차량에서 최근 파마를 했는데 제대로 나오지 않았다는 얘기를 시작으로 헤어스타일을 주제로 한 얘기를 한참 했는데 조용한 가운데 한 명이 "넌 머리카락이라도 있지. 지금 이 차 안에 헤어스타일이라는 게 가능한 사람이 너 빼곤 아무도 없어" 하는 게 아닌가. 정신차리고 살펴 보니 셋 다 대머리 남자였다.

　에이전트들은 각 나라 리그 마지막 경기 날이 아니라 챔피언스리그 결승전 날을 한 시즌을 마무리하는 날로 여기는데 이때 UEFA에서는 결승전이 끝나고 UEFA 에이전트들에게 애프터파티를 열어주곤 한다. 한번은 이런저런 업계 사람들을 추가로 초대해 UEFA에서 3층짜리 나이트클럽을 통으로 빌려 크게 파티를 한 적이 있는데, 가서 신나게 술 먹고 춤추며 놀다가 친한 구단 직원이 보이길래 "오, 안녕! 이번 파티 너무 재밌지 않니?" 했더니, 그 친구는 "너야 재밌겠지… 지금 이 나이트클럽 통틀어 여자 3명 있더라. 내가 재미 있겠냐?"라고 하더라.

　내가 여자여서 받는 도움과 배려도 분명히 있다. 2017-18 시즌 유로파리그 결승전 때 죽음의 공포를 느낀 일이 있었다. 당시 리옹 시내의 UEFA 호텔에서 택시를 탔는데 그 택시 운전사는 (우리가 심중으로 100% 확신컨대 자기 팀이 결승에 오르지 못한 것에 앙심을 품고) 우리 신분을 알자 고의로 VIP 입구가 아닌 마르세유 팬들이 난동을 부리는 한가운데에 떨구고 달아났다. 마르세유 팬들이 홍염을 터트리고 난동을 부리는 가운데 오도가도 못하고 갇혔는데, 당시 술이 아닌 마약에 취

유럽 축구계에서는 과격한 훌리건으로 인한 사건이 종종 일어나 관계자들의 골칫거리가 되고 있다. 나 또한 마르세유에서 훌리건에게 둘러싸였을 때 생명의 위협을 느꼈다.

했다고 착각이 들 만큼 광분한 팬들이 "여자다!"라고 외치더니 나를 향해 거리를 좁혀오기 시작했다.

한 손에 홍염을 들고 다른 손에 술병을 들고 다가오는 그 팬들의 눈빛이 너무나 난폭하고 무시무시해 난 공포와 충격으로 다리가 풀렸다. '아, 나는 이렇게 죽는구나' 하고 지난 세월이 주마등처럼 지나가는 순간 같이 있던 구단 관계자와 남자 에이전트들은 급히 몸으로 나를 둘러싸 보호를 해주었고, 뒤늦게 도착한 UEFA 보안위원이 우리를 구출해줬다. 구단 관계자와 남자 에이전트들은 후에 여자 에이전트가 있음에도 훌리건들이 난동부리는 현장으로 아무 조치 없이 택시를 태워 보낸 UEFA에 격하게 항의를 해줬다.

훌리건으로 인한 사건사고가 종종 있는 축구계이기에 이럴 때 여자인 나를 업계 남자들이 경쟁관계를 떠나 폭력사고로부터 보호하기 위해 애쓴다는 것을 잘 알고 있으며, 그래서 고마운 마음을 가지고 일하고 있다.

(물론 우리 업계 모든 에피소드의 끝은 서로 잊지 않고 하는 디스다. 이 친구들은 나중에 VIP라운지에서 만난 다른 UEFA 에이전트들에게 "야, 마르세유 홀리건들 날뛰는데 카탈리나가 미끼 던지는 것도 아니고 보란 듯이 샤넬 백 흔들며 루부탱 힐 신고 뚫고 지나가려 해서 나까지 뒤질 뻔했다"라며 농담을 했다.)

차별을 넘고 넘어, 유럽 축구 첫 한국인 여성 에이전트

사람은 누구나 잘 할 수 있는 일과 잘 못 하는 일이 있고, 도움을 줄 수 있는 일과 도움을 받아야 할 일이 있다. 여자도 그렇고, 남자도 그렇다. 내가 이 업계에서 여자라서 잘 할 수 있는 일도 많이 존재한다.

많은 협상 자리에서 내가 여자인 것이 협상 상대방의 경계를 낮춰주어 협상을 성사시키는 데 도움이 되었다고 생각한다. 특히 그간 축구 에이전트들이 워낙 '믿지 못할 사기꾼' 같은 이미지를 뿌려놓은 탓에 축구 에이전트 입에서 나오는 말이라면 한마디도 믿을 수 없다는 사람들도 많았다. 그런 사람들에게 커다란 덩치를 들이밀며 어젯밤에도 말술을 들이키다 온 것 같은 분위기로 들어오는 남자 에이전트들은 심한 경우 혐오의 대상이었다. 그래서 오히려 나에게 더 마음을 열어주고, 내 배경을 궁금해하는 협상 상대들도 많았다. 그들은 내가 지극히 평범한 학창 시절과 다른 업계를 거쳐 축구 쪽 일을 하고 있다는 것을 알고는 이 일을 20년 한 남자 에이전트들보다도 나를 더 신뢰했다. 한번은 계약 상대가 "당신들 하는 말 무식한 나는 한마디도 못 알아듣겠고 계약서는 읽어봐도 난 무슨 말인지도 모를 테지만, 이 여자가 누구 속일 여자 같지는 않으니 이 여자가 협상한 안이라면 사인하겠어요"라고 해서 성사된 거래도 있었다.

내가 여자인 점이 에이전트들 간의 관계에서도, 수뇌부와 에이전트 간의 관계에서도 수컷들 간의 싸움보다는 부드럽게 사안을 푸는 데도 기여한 부분이 있었을 것이다. 수뇌부들은 강인해 보이지만 내가 여자라서인지 인간적인 약한 모습을 솔직히 드러낼 때도 있었다.

한번은 한 클럽의 수뇌부가 출장 가기 전날 밤 전화해 "카탈리나, 이 협상 성사 가능성을 솔직히 얼마라고 보고 있어? 이 출장에서 좋은 결과물을 얻을 수 있을까? 차라리 지금이라도 취소할까? 내가 모든 사람들 시간을 낭비시키고 우스운 사람이 될까 봐 두려워"라고 말해 정말 깜짝 놀란 적이 있다. 그 사람은 겉으로 보기엔 강철 같은 자신감과 리더십으로 프로젝트를 이끌고 있었기 때문이다.

중요한 협상이 16시간도 남지 않는 시점이었고 미팅 전 마지막 대화가 될 수도 있는 이 통화에서 나는 이 사람이 전화한 목적이 협상 성사 가능성에 대한 에이전트의 분석을 들어보고자 해서인지 아니면 한 인간의 자신감과 자존감이 바닥을 치는 순간 구단 사람들과 이 업계 남자들에겐 이런 약한 모습을 절대 들킬 수 없기에 여자 에이전트인 나밖에 이 얘기를 할 데가 없어서인지 빨리 판단을 해야 했다. 딜이 성사가 되려면 프로젝트의 키맨인 이 사람의 멘탈이 흔들리지 않는 게 너무 중요했다. 그래서 나는 후자라고 가정하고 최대한 자세히 풀어 얘기했다.

"이 마켓에 네 자리를 원하는 사람이 족히 백 명은 될 거야. 그런데 너희 구단은 그 자리를 너한테 맡겼어. 내일 협상 결과가 좋지 않을 수도 있겠지. 우리가 계약을 못 하게 될 수도 있어. 그래도 내일 네가 가야 한다고 한 건 네가 못한다면 애초에 누구도 하지 못해서야. 최종 결론이 내일 바로 나오는 게 모두의 시간을 되려 줄여줄 거야. 너희 스태프들은 네 말이라면 불구덩이에도 뛰어들 사람들이야. 나도 너를 믿고서 상대편에 오너가 직접 참석해달라고 요청했어. 너가 왜 수뇌부에 있는지 모를 인간이라고 생각했다면 그런 위험은 감수했겠어? 난 이 계약을 꼭 성사시킬 거고 너는 내일 내가 쓸 최고의 협상카드야. 그러니까 꼭 잘 자고 편히 쉬어. 혹 잘못되더라도 당신들 항상 수작 잘 부리는 거 있잖아? '모든 건 에이전트 탓'이라고 돌리는 거. 그렇게 할 수 있게 내가 가주니까 걱정 마. 내일 보자."

이 업계가 스트레스도 심하고 협상에 들어갈 땐 심한 압박이 있어서 누구나, 특히 리더는 더 외롭다. 그럴 때 용기를 주고 추진할 수 있게 도와줘야 하는데 남자들 사이에서는 약한 모습을 보일 수 없기에 같은 팀인데도 팀원에게 속마음을 못 터놓는다. 나는 저 통화를 하고서 내가 여자기 때문에 그런 부분을 돕는 측면이 있을지도 모르겠다고 생각했다. 저 사람이 남자 에이전트한테는 절대 저런 전화를 못했을 것이다.

내 답이 그 사람의 멘탈을 다시 잡아주는 데 도움이 되었는지, 잠깐

약한 소리를 했을 뿐 일하는 데 지장은 절대 안 생기는 사람인지는 모르겠지만, 다음날 협상에서 저 사람은 신들린 언변으로 계약을 성사시켰다. 게다가 평소의 자신감 넘치고 거만한 모습으로 돌아와 "내가 3루까진 보내놨으니 홈인은 네가 해봐" 하며 으스대서 속으로 '역시나 얜 소시오패스인데 내가 왜 위로해줬던가' 하며 한숨을 쉬었다.

세상에 차별은 있지만, 나에게 차별은 없다

물론 나도 처음부터 내 성별과 관련된 문제에서 '쿨'했던 것은 아니다. 예를 들어 나는 작년에서야 처음으로 사인식에 같이 사진을 찍히는 것에 동의했다. 그전까지는 '에이전트가 여자라는 것을 홍보용으로 써먹겠지? 난 그렇게 이용당하지 않겠어'라는 옹졸한 생각이 컸다. 남자들의 세계에서 나를 보호해야 한다는 생각이 강해 비즈니스 식사라 해도 저녁은 아무와도 먹지 않고 점심만을 고집하며 몇 해를 지냈다. 지금 생각해보면 그런 것들도 다 내가 할 일이었는데 말이다. "사인식에서 사진 찍는 것도 네 일의 일부야"라고 나를 압박하면 까딱하면 여자에게 강요하는 것으로 해석되며 문제가 될 수 있기에 아무도 나한테 그걸 지적하지 못했던 것 같다. 그리고 이걸 깨닫는 데 거의 7년의 시간이 걸렸다.

나도 이 분야에서 어느 정도 자리를 잡고 좀 더 여유를 가지고 바라보게 되니 작년쯤부터 '내가 여자라서 오히려 특별대우를 받고 있었던 것이 아닌가, 필요할 때만 나 편한 대로 잣대를 댄 것은 아닌가' 자각을 하게 되었다. 지금 와서 생각하면 중년·노년 백인 남자들로 가득한 이 마켓에서 신선한 이미지를 얻고자 하는 구단들이 젊은 아시아 여자 에이전트와 같이 일하고 있다는 사실을 얼마나 PR에 활용하고 싶었을까. 그걸 막고 있었던 것에 대한 미안함을 이제야 느낀다.

나는 그래서 남자들 세계에서 일하며 힘들어 하는 여자들이 있다면, 남녀의 역할이라는 것에 대해서 서로 공격적으로만 해석할 필요는 없다는 얘기를 꼭 해주고 싶다. 분명 남자이기 때문에 일에서 여자가 못하는 부분을 채워주는 것이 있고 여자도 남자들이 못하는 부분을 채워줄 수 있다. 물론 노동법과 성차별금지법 위반이 빈번한 한국 사회에서는 이른 얘기이지만, 적어도 커리어를 쌓는 데 여성성이 반드시 마이너스는 아니며 남자와 여자의 역할이 정확히 일치하지 않는다 해서 차별이라고는 여길 필요는 없다. 팀보다 중요한 개인은 없고 남녀를 떠나 부족한 부분을 서로 채워주는 것이 팀워크다. 그렇게 팀은 완성된다.

동양인이기 때문에 받은 차별은 없냐는 얘기도 많이 듣는데, 사실 이 부분은 서양 어느 나라에서나 있는 일이고 특별히 이 업계가 그렇다기보다는 서양에서 사는 삶 자체가 동양인으로서, 외국인으로서의 차별을 안고 사는 삶이다.

나는 영국에서 10년을 살았지만 기본적으로 영국에서 영국인들과 동일한 권리를 누리는 것을 꿈꾸지 않는다. 그런 권리를 원한다면 자국에서 살아야 한다. 국가는 자국민을 외국인보다 우선해 보호할 의무가 있고, 그것이 국가의 존재 이유다. 이 사실을 인정하지 않고 외국인에겐 일정항 차별이 있을 수밖에 없음을 받아들이지 않으려면 외국에서 살면 안 된다.

업계도 마찬가지다. 내가 했던 공부, 학벌, 경력으로 대우를 받고자 했으면 한국에서 직장을 들어가야 했다. 그걸 버리고 나올 때 나는 유럽에서 '노바디Nobody'가 되어 바닥부터 실력으로만 나를 증명할 각오를 했다.

만약 한국에 어떤 외국인이 와서 한국인들과의 경쟁에서 이기고 큰돈을 벌어간다고 해보자. 얼마나 트집잡고 싶고 깎아내고 싶겠는가. 하지만 유럽의 업계 사람들과 나를 사적으로 아는 유럽 내 지인들은 항상 내 커리어를 존중해주고 응원해주었다. 타지에서 외국인이 이렇게 도전하고 이뤄가는 과정을 용기 있다고 여겨준다. 그것만으로도 나는 내가 동양인이라서, 외국인이라서 여기서 이런 저런 눈물 나는 차별을 겪고 있다며 주어진 환경을 깎아내고 싶진 않다.

내가 더 큰 시장으로 나가겠다고 외치며 밀라노를 떠나 런던으로 갈 때 이탈리아 친구들과 작별하며 헤어지는걸 아쉬워하자 친구들은 이렇게 말했다. "앞으로 나가, 카탈리나. 걱정 마. 우린 항상 같은 자리에 너를 위해 있을 거야Vai avanti, Catalina. Non ti preoccupare. Siamo sempre qui per te." 공항까지 내 짐을 들어주며 배웅해주던 좋은 이탈리아 친구들이 있었고, 영국에서도 내가 부당한 일을 당하면 "안 된다고 배웠지만 좀 화를 낼지도 모르겠는 걸"이라며 아주 점잖은 화법으로 대신 따져주겠다고 제안하는 귀여운 영국 친구들이 있다.

나는 몇 년 전 장기기증서약을 하고 영국의 국민건강서비스NHS에 장기기증자로 등록을 했다. 이 사회가 미웠다면, 동양인으로서의 차

유로파 리그 결승전 VIP 라운지 공인구

별이 서럽기만 했다면, 죽을 때 내 몸의 일부를 영국인에게 떼어주겠다고 생각했겠는가? 한국은 나를 낳아주고 키워주었고 유럽은 나를 받아주고 성장시켜주었다. 그래서 나는 두 사회에 모두 고마운 마음을 가지고 있다. 유럽은 내가 처음 왔을 때 유럽연합 창설 이래 최대 경제위기를 지나고 있었고, 아직까지도 유럽에서 젊은 사람들의 삶은 녹록지 않다. 그 안에서 나는 동양인임에도 어린 나이부터 이런 기회와 축복이 주어졌다. 이는 내가 혼자 잘나 나를 차별하는 유럽인들을 누르고 쟁취한 성과가 아니었고, 유럽인들과 함께 배우며 성장해 이룬 결과이기에, 그 안에서 어쩔 수 없는 어느 정도의 차별을 경험했다 해도 나를 성장시킨 이 사회를 미워하는 마음은 내 안에 없다.

한 빅클럽의 수뇌부는 나에게 정말 뜬금없이 문자로 이렇게 말한 적이 있다. "카탈리나, 너는 존경받고 있어. 이 바닥은 들어오는 것도 쉽지 않고, 들어와서 성공하기도 쉽지 않아. 지키기도 쉽지 않고. 그걸 여자가 해내기란 기적에 가깝지. 넌 우리에게 존경받고 있어. 그걸 알았으면 해."

여성이고 외국인이고를 떠나 자기 일을 열심히 하고, 그를 통해 자신을 증명하면 세상은 성별과 인종을 떠나 그 과정을 인정해준다. 이것이 동양인으로서 또 여자로서의 차별을 어떻게 극복했는가 하는 질문에 대한 답변이 되었으면 한다.

epilogue

이 책이 꼭 이쪽 분야로 진출을 희망하는 사람이 아닌 일반 축구 팬에게도 흥미로운 정보가 되면 개인적으로 큰 행복일 것 같다. 유럽 축구계 자체가 이너서클로 돌아가는 탓에 그간 시중에 유럽 축구계 얘기를 다룬 책들이 너무 적어 이 분야로 진출을 희망하는 사람들은 무엇을 어떻게 준비해야 할지 막막했을 것 같다. 축구 에이전트 분야는 정보를 나누는 것을 마치 영업 비밀을 공유하는 것처럼 꺼린다. 또 우리 업계가 기밀 유지 서약서를 쓰고 프로젝트에 들어가고, 기밀 유지를 위반할 경우 거액의 배상금을 물고 업계 퇴출을 각오해야 하기에, 외부에 공유할 수 있는 얘기가 많지 않다. 구단 에이전트 일은, 특히 성사된 계약은 구단 공식 채널을 통해 '오피셜'로 공표되는 것이 바람직하고, 이를 에이전트가 '이거 내가 협상했다' 하며 나서는 것은 적절한 행보가 아니기도 하다. 책을 읽으며 구체적인 협상 내용, 금액, 이름 등을 모두 알기를 기대한 독자가 있다면, 이런 점을 이해해주셨으면 한다. 최대한 업계 현장의 분위기를 생생하게 전달하고자 노력했으니 간접 경험으로의 정보와 재미를 느끼셨기를 바란다.

이 일에서 계약서, 협상, 페이 등 업무에 매일 매달리다보면 막상 이게 축구 팬들과 관련된 일이었다는 것을 잊기도 한다. 나는 스스로 그

걸 경계하고 싶다. 경기장에서도 VIP 입구로 들어가 VIP 라운지에서 비즈니스 얘기를 나누다가 축구계 인사들과 경기를 관람하면 일반 축구 팬들과 접점이 생기기가 어렵고, 어느 순간 일반 축구 팬들 생각을 잘 모를 정도로 팬들과 멀게 느껴지는 날이 온다. 이 업계를 만들어가는 사람 중에 그런 사람이 늘면 늘수록 축구계는 팬들의 생각과 점점 멀어질 수밖에 없고, 이는 실로 무서운 일이다.

나는 내가 운영하는 에이전시를 통해 챔피언스리그 결승전과 다른 빅게임에 한국 축구 팬을 초청하는 이벤트 꾸준히 하고 있는데, 이를 처음 시작한 계기는 다소 웃기다.

하루는 라리가 측으로부터 엘클라시코 전에 초청받았다. 한국에 있는 축구 팬 친구와 통화를 하다가 주말에 런던에서 테니스 치기로 해서 엘클라시코에 안 간다고 했더니, 친구가 이렇게 말했다.

"나나야, 나니까 그런 얘기 욕 안 하고 들어주는 거니 어디 다른 데서는 하지 마라. 한국서 표만 있음 회사도 때려 치고 갈 사람이 널렸어."

"멀어서 안 오는 거겠지. 표가 없어서가 아니라."

"표가 없어서 못 가는 거라니까. 엘클라시코 표 구하기가 얼마나 어려운데."

나는 그때 한국 축구 팬들이 표를 못 구해서 챔스 결승전이나 엘클라시코 같은 큰 경기에 못 가는 것이라는 사실을 처음 알았다. 에이전트들은 초청받아 경기에 가고, 일로 경기에 참석하기에 표를 구하는 것이 그만큼 힘든지를 그간 생각지 못했다.

"그럼 만약에 우리 회사서 다음달에 있는 챔피언스리그 결승전 티켓을 일반 축구 팬 중 뽑아서 준다고 하면 한국서 여기까지 올 거라는 거야? 다들 학교니 직장이니 있을 텐데 유럽까지 올 수 있겠어?"

"직장 때려치우고라도 갈 걸. 나만 해도, 상상만 해도 심장이 두근두근하고 벌써 직장은 아예 안중에도 없네."

축구 팬들에게 그렇게까지 간절한 티켓인지 몰랐기에 의심 반 기대 반 하는 마음으로 공고를 한 챔스 결승전 초청 이벤트에는 엄청난 국내 지원자가 몰렸다. 지원자 중에 지원서 직업란에는 'XX회사 재직 중(회사서 휴가 안 내주면 퇴사하고라도 갑니다. 알아서 할 테니 신경 쓰지 마시고 뽑아만 주세요)'라고 기재한 지원자도 진짜 있었다.

다양한 지원자가 쏟아졌는데, 공고가 나간 후부터 희한한 일이 벌어지기 시작했다. 소위 국내 '권력자들'에게서 '내가 아는 누구'가 이걸 지원했으니 그 사람으로 뽑아달라는 연락이 오기 시작했다. 절대로 "부탁 좀 하나 드려도 될까요"가 아닌 "대표님, 사업하시는 데도 도움이 될 것 같아서"라는 갑질과 압력을 미화한 말로 시작해서 '저희 의원님이 아드님과 가시고 싶으시니 준비해달라'부터 '저희랑 앞으로 관계를 생각하시면'이라는 거래처의 기승전갑질 시도까지 별의 별 청탁이 이어졌다. 일반인 대상 이벤트라는 설명에도 '내정자로 뽑아도 아무 문제없다. 회사 홍보야 이미 이벤트 공지한 걸로 다 된 거다'라며 끊이질 않았다.

무슨 생각들을 가지고 사는지 몰라도 공통적으로 하나같이 전혀 거절당할지 몰랐다는 반응에 내가 더 놀랐다. 내정자를 정해놓고 공정하게 뽑은 척하는 걸 당연하게 여기는 분위기라니…. 지원자들도 스스로 부끄럽지 않은지, '나 아는 사람 있음' '나 누구 아들임'을 티 내는 말을 꼭 한 문장씩 넣어서 보냈다. 그중 10대도 많았는데, 부모라는 사람들이 자식을 앉혀놓고 저렇게 하라고 했을 걸 생각하면 쓴웃음이 난다.

2018년부터 시작해 올해로 4회째를 맞는 직관 초청 이벤트는 앞으로도 일반 팬들을 대상으로만 진행할 예정이다. 애초에 마케팅 목적이 아니라 우리 회사 장학금처럼 사회 환원 차원에서 축구 팬을 위한 이벤트로 기획했기에 스폰서와 투자자를 구하지 않고, 회사 자체 비용으로 이벤트를 진행한다. 후원이나 투자를 받으면 브랜드 노출을 원하고, 제품 노출을 원하고, 그러다 보면 합격자 선정도 관여를 하게 되고, 더이상 일반 팬들과 무관한 이벤트가 될 위험이 있다. 누구를 뽑아달라는 압력에서 자유로울 수 있었던 이유는 내가 특별히 소신이 강해서라기보다는 자본의 독립성을 고수했기 때문이다. 자체 비용으로 한 이벤트이기에 100% 우리 회사 의지로만 결정을 내릴 수 있었다.

우리 회사는 위 챔스 결승전 외에도 국내 축구 팬을 선정하여 토트넘 트레이닝센터에서 손흥민 선수를 만나게 해준 이벤트를 진행한 적도 있고, 업계에서 일하며 생기는 사인 유니폼 등 귀한 머천다이즈가 생기면 꾸준히 한국 팬들에게 이벤트를 통해 제공하고 있다.

혹자는 그렇게 얘기한다. 에이전트 일과 에이전시는 B2B 비즈니스이지 B2C가 아니라서 일반인들 대상으로 서비스나 물건을 파는 게 아닌데, 왜 일반인들한테 경품을 주고 이벤트를 하느냐고. 이에 대한 내생각과 우리 회사의 가치관은 이렇다. 국내에 에이전트란 직업은 아직도 생소하고 축구 팬들에게 현실적으로 잘 와닿지 않는 직업이다. 특히 유럽 축구계에 실제로 종사하고 있는 사람의 삶은 한국에서 현실처럼 느껴지지 않을 것 같다. 나는 이런 이벤트를 통해 나와 한국 축구 팬들 사이의 그런 심리적 거리가 좁아지길 소망했다. 이 회사는 어떻게 이런 귀한 머천다이즈를 손에 넣을 수 있고, 왜 한국 축구 팬들에게 제공하는지, 뭐 하는 회사인지 한 번쯤 궁금해하기를 바랐다. 그리고 그 궁금증을 통해 회사가 하는 일, 에이전트가 하는 일, 유럽 축구계가 돌아가는 방식, 에이전트가 어떻게 되는지 등을 조금씩 자연스럽게 한국에서도 알 수 있는 계기가 되었으면 했다. 자신을 에이전트라 그럴듯하게 꾸미고, 명함을 내세워 선수들이나 팬들을 기만하는 사람이 여전히 많다. 나는 한국에서 유럽 축구 에이전트라는 직업을 보다 잘 이해하게 돼, 그런 일들이 이제 사라지기를 바란다. 그렇게 한국에도 에이전트 시장이라는 것이 피기를 소망한다. 그리고 그렇게 커진 시장의 생산 가치가 축구 팬들에게 환원되기를 바란다. 그것이 내가 이 책을 쓴 이유 중 하나다.

　이런 이벤트를 통해 일반 축구 팬들의 지원서를 받아 읽고, 만나고 대화하는 과정에서 나도 팬들의 시각을 깨닫고 배우는 점들이 많아 유익하다. 유럽 축구계가 현재 마켓의 변화 속도에서 가장 뒤처져 있는 분야는 OTT 등 콘텐츠 사업과 유튜브 등 SNS를 비롯한 디지털

291

사업 분야라고 생각하는데, 이를 구단에도, 리그 사무국에도, UEFA에도 아무리 얘기해도 원하는 만큼의 변화는 아직 만들어지지 않았다. 우리 회사 이벤트 당첨자로 왔던 10대 학생이 VIP 라운지에서 나와 인사를 하던 UEFA 고위 관리자에게 "UEFA 채널 근데 왜 그렇게 구려요? SNS 마케팅 그렇게 하는 거 아닌데?"라고 했을 때 나는 그 상황이 너무 웃겼는데, 그 UEFA 관계자는 큰 충격을 받았다. 자신이 축구 팬에게 그런 피드백을 직접 받을 일이 없기 때문에 더 가닿았던 것 같다.

리그 사무국이나 UEFA 같은 규제 기관에 일하다 보면 어느 순간 주변이 듣기 좋은 소리만 하는 사람들로 가득 차게 된다. 권력에 도전하며 건설적 비판을 던질 용기 있는 자들이 흔치 않다. 이 사람들은 만나는 사람들이 한정되어 있는데, 거기에 듣는 얘기까지 일률적이면 점점 일반 축구팬들의 상식과 거리가 생긴다. 이래서 업계 종사자들은 축구 팬들과 끊임없이 교류하려고 노력해야 한다. 일반 축구 팬들의 생각을 경청하는 자리를 꾸준히 가져야 하기에 나도 그 방법을 계속 고민 중이다.

2018년 챔피언스리그 결승전 때, 영국에서 떠나 우크라이나 키예

프로 가는 비행기 안은 리버풀 팬들로 가득 차 있었다. 옆자리에 앉았던 리버풀 팬은 티켓이 없는데 키예프에 가는 것이라고 해 나는 정말 놀랐다. 리버풀 팬으로서 11년 만에 결승에 오른 현장이라면 경기장이 아니라 경기장 밖에서라도 느끼고 싶다고 했다. 그 얘기를 들으면서 순간 '결승전 장소가 키예프가 뭐야… 그런 동네까지 경기를 보러 가야 하나' 하며 짜증을 내고 있던 나는 반성하게 되었다. 내가 축구 팬들이 근처에서라도 느끼고 싶어 하는 현장을, 축제의 중심에서 바라볼 수 있는 행운의 삶을 살고 있다는 사실을 일에 치이다 보면 종종 잊게 된다.

이 업계에 종사하는 사람이라면 우리의 삶이 행운이라는 것, 나는 전세계 축구 팬들이 열정으로 쌓은 쩐의 전쟁의 탑에서 나온 돈과 축제의 수혜자라는 사실을 잊지 말고 살아야 한다. 그리고 이를 축구 팬들에게 환원할 방안을 강구해야 하며, 팬과 함께 가는 축구계의 건전한 발전의 길을 고민해야 한다. 선수도 구단도 에이전트도 성공에 취해 지내기만 하면 축구 팬들이 축구계를 만들었다는 사실을, 이런 삶을 제공해줬다는 사실을 잊게 된다. 팬이 없으면 경기도, 리그도, 챔스도 없다. 끊임없이 팬들이 무엇을 원할지, 어떻게 팬들의 사랑에 보답

293

할지, 팬들에게 더 가까이 다가갈지, 이를 고민하는 과정에서 결국 마켓도 더 커지고, 모두가 더 윤택해지고, 축구계도 지속가능한 발전을 이룰 수 있다.

끝으로 이 책이 스포츠 경기를 잘 안 보는, 내가 야구를 보여주면 '저기 공 던지는 사람은 치는 사람이랑 같은 편인 거지?'라 묻고, 축구를 보여주면 심판을 보고 '노란 옷 남자는 열심히 안 뛰는 것 같아' 하던 내 여자 친구들에게도 내가 하는 일에 관해 조금은 알리는 기회가 되었길 바란다.

나는 런던의 에이전트 레이디

2021년 1월 29일 초판 1쇄
2021년 6월 12일 개정판 1쇄

지은이   김나나
펴낸곳   크리에이티브 퍼블리싱
이메일   info@catalinanpartners.com
ISBN   979-11-974729-0-9 03690